LÉGISLATION

ET ORGANISATION

DES

SOCIÉTÉS DE SECOURS MUTUELS

EN EUROPE

PAR

E. DESMAREST

Sous-chef du Bureau des Sociétés de secours mutuels au Ministère
de l'Intérieur,

CHEVALIER DE LA LÉGION D'HONNEUR

❧

FRANCE — PRUSSE — SAXE — ITALIE
AUTRICHE — BAVIÈRE — BELGIQUE — ESPAGNE
HOLLANDE — ANGLETERRE
SUISSE — PORTUGAL — SUÈDE

❧

QUATRIÈME ÉDITION

❧

PARIS

IMPRIMERIE ET LIBRAIRIE ADMINISTRATIVES
DE PAUL DUPONT

RUE J.-J.-ROUSSEAU, 41 (HOTEL DES FERMES.)

1877

LÉGISLATION

ET ORGANISATION

DES SOCIÉTÉS DE SECOURS MUTUELS

CLICHY. — Impr. PAUL DUPONT, 12, rue du Bac-d'Asnières

LÉGISLATION

ET ORGANISATION

DES

SOCIÉTÉS DE SECOURS MUTUELS

EN EUROPE

PAR

E. DESMAREST

Sous-chef du Bureau des Sociétés de secours mutuels au Ministère
de l'Intérieur,
CHEVALIER DE LA LÉGION D'HONNEUR

FRANCE — PRUSSE — SAXE — ITALIE
AUTRICHE — BAVIÈRE — BELGIQUE — ESPAGNE
HOLLANDE — ANGLETERRE
SUISSE — PORTUGAL — SUÈDE

QUATRIÈME EDITION.

PARIS

IMPRIMERIE ET LIBRAIRIE ADMINISTRATIVES

Société anonyme. — P. DUPONT, Directeur,

Rue J.-J.-Rousseau, 41 (Hôtel des Fermes.)

1877

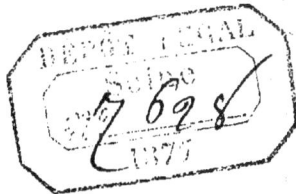

PRÉFACE

Notre travail n'a pas d'autre but que
de faire connaître la place qu'occupe, dans
les différents États de l'Europe, l'institution des sociétés de secours mutuels. Cette
œuvre, qui tend à améliorer le sort de ceux
qui n'ont pour toute fortune que leurs bras,
a pénétré dans presque tous les pays. Elle
y fonctionne sous des formes diverses ;
mais elle conserve partout le principe sur
lequel est basée la mutualité, c'est-à-dire le

1

concours de chacun pour le bien-être de tous.

Aussi, désirant laisser à chaque pays la forme de l'association qui lui convient, nous n'avons pas cru devoir critiquer une organisation qui peut parfaitement s'approprier aux mœurs de ses habitants. Nous nous sommes donc borné à exposer la législation qui régit dans chaque pays les sociétés de secours mutuels, et à faire connaître l'organisation générale de ces sociétés.

On remarquera que la Russie ne figure pas dans notre travail. Il n'existe encore, dans ce vaste empire, aucune institution qui puisse être assimilée aux associations organisées dans les autres contrées de l'Europe. Cependant, les mœurs de la Russie

tendant chaque jour à subir des transforma-
tions, il n'est pas douteux que d'ici à une
époque peu éloignée, les populations industrielles et agricoles ne sentent le besoin
de s'associer.

Nous n'avons également recueilli aucun
document relatif à la Turquie et à la Grèce.
Les idées de mutualité n'ont pas encore
pénétré dans ces régions où les mœurs des
populations ne paraissent pas se concilier
avec le principe de l'association.

Ainsi que nous l'avons dit, nous n'avons
pas critiqué les différentes législations, ni
établi de comparaison entre l'organisation
des sociétés dans tel pays avec celle d'un
autre pays. Nous avons laissé au lecteur
le soin de faire ce travail dont nous avons

préparé les éléments. C'est ce qui explique l'ordre alphabétique que nous avons adopté pour classer les différents États.

On nous pardonnera cependant de dire, avec un certain amour-propre national, que la législation française nous paraît la plus favorable au développement des sociétés de secours mutuels.

LÉGISLATION ET ORGANISATION

DES

SOCIÉTÉS DE SECOURS MUTUELS

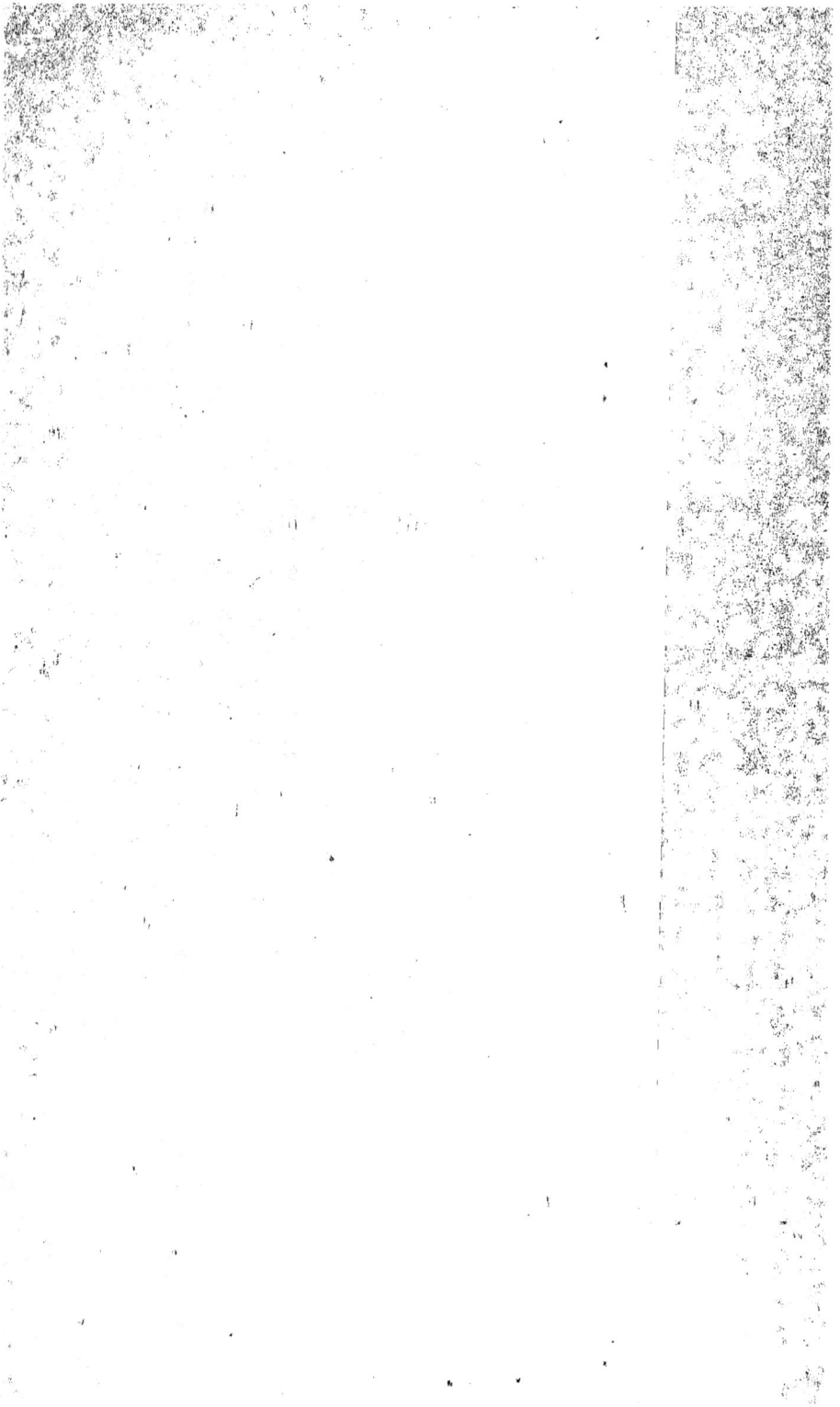

FRANCE

Il est difficile de préciser l'époque à laquelle les sociétés de secours mutuels ont pris naissance en France. Les écrivains qui se sont occupés de cette question s'accordent cependant à dire que l'origine des associations mutuelles remonte aux premiers temps de notre histoire.

Se reportant à la formation des corporations d'états et métiers, M. E. Laurent, dans l'intéressant ouvrage qu'il a publié, en 1856, sur les sociétés de prévoyance, a

donné le texte des règlements d'un grand
nombre de ces corporations. On y trouve,
en outre de l'obligation de payer périodiquement une cotisation, la plupart des
avantages que nos sociétés de secours mutuels actuelles accordent à leurs membres :
c'est-à-dire l'indemnité, en cas de maladie,
l'enterrement des associés et la tutelle des
orphelins.

Quelques-uns de ces règlements présen-
tent cependant avec nos sociétés modernes
une différence qui mérite d'être signalée.
Les malades une fois rétablis, et qui se
trouvaient en position de le faire, étaient
obligés de rembourser à la corporation
l'argent qu'ils en avaient reçu.

Une de ces associations de corporation,
celle des menuisiers de Bordeaux, sem-
blait se rapprocher, par son organisation,
des sociétés communales actuelles, en ce

sens qu'elle admettait dans son sein toute personne sans distinction de métier.

La confrérie était la forme religieuse et charitable des corporations, comme la jurande en était la forme civile. Celle-ci avait pour symbole une bannière, tandis que la confrérie avait un cierge. Dans un article sur les jurandes, M. Ch. Louandre a retracé la distinction qui existait entre la corporation proprement dite et la confrérie. La corporation assistait aux réunions politiques et à la discussion des statuts réglementaires, tandis que la confrérie n'assistait qu'aux solennités religieuses. Cette distinction explique comment quelquefois on pouvait appartenir à la confrérie sans faire partie de la corporation.

Malgré cette différence bien marquée entre la corporation et la confrérie, les textes des règlements cités par M. E. Laurent renferment tous, à côté des dispositions

1.

relatives aux cérémonies religieuses et à l'assistance des membres, la réglementation du métier, des conditions d'apprentissage, de la réception des aspirants, des maîtres et de la police du travail. Bien que réunies dans les mêmes statuts, la corporation et la confrérie n'étaient pas pour cela confondues.

En dehors des confréries, des corporations, il y avait dans les campagnes un grand nombre de confréries purement religieuses, dont l'organisation était soumise aux évêques, et qui, destinées au soulagement des malheureux, admettaient dans leur sein tous les habitants d'une commune, sans distinction de sexe ni de rang.

Ces deux sortes de confréries ne semblent-elles pas avoir eu une sorte d'analogie avec nos sociétés actuelles, en ce que les unes formaient des associations exclusivement professionnelles, et les autres des associations communales dans lesquelles sont admis les individus de toutes professions?

Le compagnonnage et la franc-maçonnerie sont aussi des sources où les sociétés de secours mutuels ont pris naissance. On en trouve des preuves dans la forme et le texte des règlements de ces deux institutions.

Comme on le voit, l'origine des sociétés de secours mutuels, en France, remonte à une époque très-reculée. L'ordre de choses établi par les corporations et les confréries subsista jusqu'à l'époque de la Révolution de 1789.

Ainsi que nous l'avons déjà dit dans un autre ouvrage, en prescrivant la suppression absolue des corporations de métiers et des confréries, la Révolution avait dépassé le but qu'elle s'était proposé. En effet, si la loi du 14 juin 1791 avait débarrassé l'ouvrier des entraves produites par le système corporatif, elle l'avait fait tomber dans l'isolement, et lui avait enlevé la protection qu'il trouvait dans la corporation, lorsqu'il était malade et sans ouvrage. Aussi, les ouvriers ne tardèrent pas à se préoccuper de la nécessité de s'assurer ces moyens d'assistance.

Différents corps de métiers demandèrent l'autorisation de se réunir dans le but de procurer des secours à leurs camarades malades ou privés de travail; mais leur requête fut rejetée par le gouvernement qui craignait de voir se rétablir ce que la loi de 1791 avait aboli.

Cependant, quelques années plus tard, lorsque le désordre eut fait place à la tranquillité, le travail commença à renaître et l'esprit d'association ne tarda pas à se réveiller.

Les principaux centres industriels virent

se créer des sociétés de secours mutuels qui, pour ne point éveiller les susceptibili- tés de l'autorité supérieure, déclarèrent dans leurs règlements « qu'elles n'enten- « daient nullement rappeler ou représenter « aucune corporation, ni s'occuper jamais « d'autres objets que du soulagement des « associés. »

Un rapport présenté en 1822 à la société philanthropique de Paris constate que dans cette ville treize sociétés s'étaient formées, de 1794 à 1806. Mais quelques associations, soit à Paris, soit dans les autres centres industriels, s'étaient écartées du but essen- tiel de leur fondation. Le gouvernement avait été à même de reconnaître que les sociétés composées d'ouvriers d'une même profession, offraient de sérieux inconvé- nients. Elles favorisaient les cabales et les coalitions tendant à faire augmenter les sa- laires. Pour mettre un terme à cet état de choses, l'administration exigea qu'à l'avenir les sociétés de secours mutuels fussent composées de personnes de toutes professions. Cette décision jeta le trouble parmi les ouvriers qui se soucièrent peu de s'associer avec des personnes qu'ils ne connaissaient point, et qui ne leur étaient attachées par aucune communauté d'intérêts.

Cette restriction apportée dans la composition du personnel des sociétés ayant été reconnue préjudiciable aux ouvriers, l'autorité revint un peu sur sa décision, et permit la création de sociétés composées d'ouvriers ayant, pour la plupart, la même profession. C'est à peine, en effet, si quelques étrangers au corps d'état étaient admis comme sociétaires. Ce mode de composition plus conforme à l'esprit d'association, donna un nouvel essor aux sociétés de secours mutuels, et, en 1822, Paris seul en comptait 132 composées de

plus de cent mille membres. Les sociétés
se fondèrent dans la même proportion dans
les grands centres industriels.

Cependant, la promulgation de la loi du
10 avril 1834 sur les associations, jeta un
certain trouble dans les sociétés de secours
mutuels. Elles craignaient, à chaque instant,
de recevoir un ordre de dissolution, attendu que la loi nouvelle ne désignait pas le
genre d'associations qu'elle voulait atteindre. L'autorité fut obligée, pour rassurer
les esprits, de déclarer que la loi récem-
ment promulguée n'avait eu en vue que les
associations s'occupant de politique et non
les sociétés de secours mutuels qui se ren-
fermeraient dans le cercle de leurs attribu-
tions, et ne s'écarteraient pas du but de
leur institution.

Cette déclaration ayant fait cesser les in-
quiétudes, des sociétés de secours mutuels
s'organisèrent sur tous les points de la

France. Le compte rendu publié en 1847
sur les caisses d'épargne par le ministère
de l'agriculture et du commerce, constata
que, dans la période de 1835 à 1847, le
nombre des sociétés s'est élevé à plus de
2,000. Il est vrai de dire que beaucoup de
ces associations, à cette époque, ne présentaient pas toutes les garanties d'une bonne
organisation ; souvent même, sous le voile
de la mutualité, on s'y occupait de questions de politique.

La Révolution de 1848 ne fit que donner
une nouvelle impulsion à l'esprit d'association.

Jusque-là, les sociétés de secours mutuels pouvaient s'établir, après avoir reçu
l'autorisation exigée par l'article 291 du Code
pénal pour toute réunion de plus de vingt
personnes. Cet article avait été confirmé
et complété par l'article 1er de la loi du
10 avril 1834. L'autorisation était donnée

par le ministre de l'intérieur, après qu'il s'était assuré que les statuts ne contenaient rien de contraire à l'ordre public, et que l'organisation financière présentait des garanties convenables de durée.

En proclamant la liberté absolue d'association, la Révolution de 1848 exempta les sociétés de secours mutuels, comme les réunions de tout autre genre, de se pourvoir préalablement de l'autorisation mentionnée dans l'article 291 du Code pénal et l'article 1er de la loi du 10 avril 1834. Les sociétés n'eurent donc plus à soumettre leurs statuts à l'examen du ministre de l'intérieur ; il leur suffisait de faire une simple déclaration au préfet. Le gouvernement ne pouvait les dissoudre que lorsqu'elles paraissaient dangereuses pour l'ordre public, et après avoir toutefois obtenu contre elles une condamnation judiciaire.

Telle était la situation dans laquelle les

sociétés de secours mutuels se trouvaient placées vis-à-vis de l'administration supérieure, lorsque la Chambre des représentants fut saisie d'un projet de loi. Mis à l'étude, dès les premières séances de l'Assemblée constituante, le projet fut repris et adopté par l'Assemblée législative.

Cette loi, promulguée le 15 juillet 1850, fut le premier acte législatif spécial aux sociétés de secours mutuels. Celles-ci étaient astreintes à certaines obligations en échange des avantages que la loi leur offrait.

Les sociétés, dit la loi, pourront, sur leur demande, être déclarées établissements d'utilité publique. Leur but est d'assurer des secours temporaires aux sociétaires malades, blessés ou infirmes, et de pourvoir aux frais funéraires des associés. Elles sont placées sous la surveillance de l'autorité municipale, et sont aptes à accepter des dons et legs et à posséder des immeubles. Les communes doivent leur fournir les locaux nécessaires à leurs réunions, ainsi que les registres indispensables à leur administration et à leur comptabilité. Enfin, tous les actes intéressant les sociétés reconnues sont exempts des droits de timbre et d'enregistrement.

Tels étaient, en résumé, les principaux avantages offerts par la loi du 15 juillet 1850, aux sociétés qui obtenaient la reconnaissance comme établissements d'utilité publique. A côté des associations de cette catégorie, l'article 12 de la loi autorisait les autres sociétés qui ne voulaient pas profiter des avantages de la reconnaissance, à s'administrer librement. Néanmoins, elles pouvaient être dissoutes par le gouvernement, le conseil d'État entendu, dans le cas de gestion frauduleuse, ou si elles sortaient de leurs conditions de sociétés mutuelles de bienfaisance. Enfin, l'article 13 prescrivait à

chaque société, reconnue ou non, l'obligation d'adresser tous les ans un compte
rendu de ses opérations.

Un décret du 14 juin 1851, rendu sous
forme de règlement d'administration publique a déterminé : 1° les conditions
auxquelles les sociétés pourraient être
reconnues comme établissements d'utilité
publique ; 2° le mode de surveillance de
l'État ; 3° les causes qui pourraient déterminer les préfets à prononcer la suspen-
sion de ces sociétés ; 4° les formes et les
conditions de dissolution.

Par suite des dispositions législatives
qui précèdent, les sociétés de secours mutuels qui demandaient et obtenaient la reconnaissance étaient placées sous un régime nouveau; mais celles qui ne voulaient
pas profiter des avantages offerts par la loi
de 1850, continuaient à jouir de la liberté
que leur avait accordée la Révolution de

1848. Toutefois, une modification avait été apportée à la manière de procéder, quand le gouvernement était obligé de prononcer la dissolution de ces sociétés. Jusque-là, l'administration supérieure n'avait pu les dissoudre qu'après avoir obtenu contre elles une condamnation judiciaire. L'article 12 de la loi nouvelle donna au gouvernement le droit de prononcer la dissolution de ces sociétés, après avoir pris l'avis du conseil d'État.

Malgré cette restriction apportée à la liberté absolue proclamée en 1848, les sociétés qui fonctionnaient en dehors de la loi du 15 juillet n'en étaient pas moins affranchies des obligations imposées aux associations que cette loi avait voulu prendre sous sa protection. Il en résultait une anomalie que fit cesser naturellement le décret du 25 mars 1852, relatif aux associations et aux réunions publiques.

Ce décret remit en vigueur l'article 291 du Code pénal et la loi du 10 avril 1834, à l'égard des sociétés de secours mutuels qui fonctionnaient en dehors de la loi du 15 juillet 1850. Celles-ci furent, en conséquence, soumises de nouveau à l'autorisation préalable et placées sous la surveillance immédiate du gouvernement. En effet, aux termes de l'article 1er de la loi du 10 avril 1834, l'autorisation étant toujours révocable, le gouvernement n'eut plus besoin de recourir à l'avis du conseil d'État pour prononcer la dissolution des sociétés devenues dangereuses pour l'ordre public.

Jusqu'à la promulgation de la loi du 15 juillet 1850, toutes les sociétés de secours mutuels avaient joui d'une liberté plus ou moins absolue suivant les époques, au point de vue du droit de réunion et d'association; mais leur organisation et leur régime intérieur n'avaient point encore été réglementés. La loi précitée vint combler cette lacune ; elle accorda même aux sociétés des priviléges de nature à les faire prospérer et à assurer leur existence.

Cependant la loi de 1850 ne produisit pas les résultats que semblaient en attendre les auteurs. C'est à peine si quelques sociétés sollicitèrent la reconnaissance comme établissements d'utilité publique. Le peu d'empressement de la part des sociétés à se placer sous la protection du gouvernement tenait moins aux formalités à remplir pour obtenir la faveur de la reconnaissance, qu'à la mauvaise organisation de la plupart des sociétés. Bien peu, en effet, présentaient à cette époque des garanties sérieuses d'existence.

On reconnut l'inefficacité de la loi de 1850. Il y avait nécessité de trouver quelque chose de plus pratique, de recourir à un système qui pût à la fois faciliter la

création de sociétés nouvelles et permettre
aux sociétés anciennes d'obtenir facilement
la jouissance des avantages que le gouvernement se proposait d'accorder. Le décret
du 26 mars 1852 a atteint ce double but.
Sans abroger complétement la loi du 15 juillet 1850, ce décret qui, par sa date, a force
de loi, en modifia profondément les dispositions.

Le décret du 26 mars 1852 n'a pas donné
à la nouvelle catégorie de sociétés qu'il
avait en vue, des priviléges aussi étendus
que ceux que confère la loi du 15 juillet
1850 aux sociétés reconnues comme établissements d'utilité publique. Néanmoins, les
avantages qu'il accorde sont très-précieux
et très-suffisants pour assurer le développement et la prospérité des sociétés qui fonctionnent sous la dénomination des sociétés
approuvées. Aussi, le décret de 1852 est-il

la base de la législation qui régit ces nouvelles associations.

Pour obtenir l'approbation de leurs statuts, les sociétés étaient tenues de se soumettre aux obligations suivantes :

1º Nomination du président par le chef
de l'État ;

2º Insérer dans leurs statuts le principe
de l'admission des membres honoraires ;

3º Ne pas promettre de secours en cas
de chômage (manque de travail) ;

4º Prescrire l'admission des membres
participants par l'assemblée générale ;

5º Faire nommer les membres du bureau
par l'assemblée générale ;

6º Ne promettre de pensions que si la
société compte un nombre suffisant de
membres honoraires ;

7º Placer l'excédant de leurs recettes aux
caisses d'épargne ou à la caisse des dépôts
et consignations ;

8° N'apporter aucune modification aux statuts sans l'approbation de l'autorité supérieure;

9° En cas de dissolution, se soumettre, pour la liquidation des fonds, aux règles indiquées par le décret;

10° Transmettre chaque année à l'autorité supérieure le compte rendu de leurs opérations.

En échange de ces obligations toutes favorables, d'ailleurs, aux sociétés elles-mêmes, celles-ci jouissent de nombreux avantages qui peuvent se résoudre ainsi :

1° Droits de prendre des immeubles à bail, de posséder des objets mobiliers et de faire tous les actes relatifs à ces droits ;

2° Faculté de recevoir des dons et des legs après en avoir reçu l'autorisation de l'autorité compétente ;

3° Jouissance gratuite d'un local fourni par la commune ;

4º Fourniture gratuite par la commune des livrets et registres nécessaires à la comptabilité et à l'administration de la société ;

5º Remise des deux tiers du droit municipal sur les convois dans les villes où ce droit existe ;

6º Exemption des droits de timbre et d'enregistrement pour tous les actes intéressant la société ;

7º Faculté pour le bureau de la société de délivrer à chaque associé un diplôme pouvant servir de passeport et de livret d'ouvrier ;

8º Faculté de faire aux caisses d'épargne des placements de fonds égaux à la totalité de ceux qui seraient permis au profit de chaque sociétaire individuellement ;

9º Participation exclusive aux subventions prélevées sur les revenus d'une dota-

tion de dix millions constituée par décrets
des 22 janvier et 27 mars 1852.

Comparés à ceux que confère la loi du
15 juillet 1850 aux sociétés reconnues
comme établissements d'utilité publique,
les avantages accordés par le décret du
26 mars 1852 aux sociétés approuvées sont
les mêmes, sauf le droit de posséder des
immeubles.

Les obligations imposées par le décret
de 1852 témoignent de l'intérêt tout particulier que le gouvernement porte aux sociétés de secours mutuels, et du désir qu'il
a de les voir se propager. Dans la pensée
du législateur, la nomination du président
par le chef de l'Etat n'avait d'autre but que
de rehausser l'institution, de la garantir
contre les défiances et de la défendre contre
les abus. De plus, grâce à l'investiture officielle de son président, une société approu-
vée n'était plus assujettie à l'obligation de

prévenir le maire des jours de réunion et de faire présider ses assemblées par le maire ou son délégué, comme l'exigeait la loi du 15 juillet 1850.

Un décret du 27 octobre 1870, rendu par le gouvernement de la Défense nationale, a décidé que les présidents seraient élus par les sociétaires. L'expérience de cette mesure nouvelle n'est pas encore faite, et nous manquons de renseignements suffisants pour l'apprécier.

L'adjonction des membres honoraires, imposée par le décret, a pour but non-seulement de procurer des ressources matérielles à la société, mais encore d'établir des rapports de bienveillance entre des hommes séparés par la différence des positions sociales et de détruire de part et d'autre des préventions injustes.

Quant à l'obligation de verser aux caisses d'épargne ou à la caisse des dépôts et con-

2.

signations l'excédant des recettes, elle doit
être considérée comme un grand avantage,
puisque le décret, en faisant profiter d'un
intérêt de quatre et demi pour cent les versements effectués, a voulu garantir les fonds
des sociétés contre les mauvais placements
et contre les fluctuations auxquelles sont
exposés les cours de la rente et des autres
valeurs industrielles et mobilières.

Enfin, les règles imposées pour la liquidation des fonds en cas de dissolution ont
pour but d'assurer l'existence des sociétés
en les garantissant contre la cupidité des
associés qui, dans l'espérance de partager
l'actif total de la société, ne craindraient
pas d'en provoquer la dissolution, au détri-
ment des sociétaires âgés, qui verraient
ainsi réduites à néant des espérances de
bien-être conçues pour leurs vieux jours.

Les formalités à remplir pour obtenir
l'approbation sont très-simples. Les socié-

tés n'ont qu'à transmettre au préfet du département une demande accompagnée :

1º De deux exemplaires des statuts;

2º De la liste nominative des membres
participants et des membres honoraires;

3º D'un état de situation financière, s'il y
a lieu.

Si les statuts sont conformes aux dispositions du décret du 26 mars 1852 et si
l'organisation financière paraît satisfaisante,
le préfet prend un arrêté d'approbation dont
la formule est la même pour tous les dépar-
tements. Le dossier est ensuite transmis
par le préfet au ministre de l'intérieur.

La société définitivement constituée par
l'élection de son président est apte à jouir
de tous les avantages offerts par le décret
de 1852.

Sous l'influence d'une protection si évi-
dente, l'institution des sociétés de secours
mutuels ne tarda pas à devenir populaire et

à se répandre sur tous les points de la
France.

La question des pensions a, de tout temps,
vivement préoccupé les organisateurs des
sociétés de secours mutuels. Les promesses
insérées dans les statuts des anciennes sociétés étaient même un puissant moyen de
propagande. Cependant, au moment de réa-
liser ces promesses, la plupart des associations, victimes de leur imprudence, furent obligées de se dissoudre pour cause
d'insuffisance de ressources. Afin d'éviter
de semblables catastrophes, la loi du 15
juillet 1850 avait interdit aux sociétés d'insérer dans leurs statuts la promesse de
pensions de retraites. Le décret du 26 mars
1852, ayant introduit dans l'organisation
des sociétés approuvées un nouvel élément
de prospérité, les membres honoraires, fut
moins absolu que la loi de 1850. Il autorisa
les sociétés à promettre des pensions, si

elles comptaient un nombre suffisant de membres honoraires. Mais les ressources prévues par cette disposition étaient trop aléatoires pour que les sociétés pussent prendre l'engagement de donner des pensions aux vieillards. Le moyen qu'elles employèrent pour atteindre le même but, fut de profiter de la faculté que le décret du 26 mars 1852 leur avait accordée, de disposer d'une partie de l'excédant de leurs recettes pour l'achat de livrets de la caisse générale des retraites au profit de leurs membres participants. Les sommes ainsi employées par les sociétés ne devaient leur faire retour qu'au décès de chaque titulaire de livret.

On ne tarda pas à reconnaître que les sommes réparties annuellement ne permettaient pas d'atteindre le double but que s'était proposé le législateur, de populariser la Caisse générale des retraites et d'assurer une rente viagère aux sociétaires âgés. En effet, d'un côté, l'associé possesseur d'un livret ne l'alimentait pas de ses propres deniers; d'un autre côté, les sommes versées par les sociétés devaient être à peine suffisantes pour constituer une rente viagère de 5 francs, à l'époque où le sociétaire aurait atteint l'âge voulu pour obtenir la liquidation d'une pension.

Le gouvernement s'émut d'un tel état de choses, qui ne devait avoir pour résultat que l'absorption de ressources amassées par de longues années d'une sage administration. Il n'hésita pas à arrêter les sociétés dans la voie qu'elles avaient d'ailleurs suivie par ses conseils. On imagina un autre système. En mars 1856, le ministre de l'intérieur décida, sur les propositions de la commission supérieure, qu'une somme de 500,000 francs, prélevée sur le revenu de la dotation des sociétés de se-

cours mutuels, serait distribuée entre les
sociétés approuvées qui consentiraient à
affecter la part devant leur revenir à la
constitution d'un fonds de retraites admi-
nistré par la caisse des dépôts et consignations. La plupart des sociétés existant à
cette époque répondirent à l'appel du gouvernement. Celles qui jusqu'alors avaient
l'habitude de répartir chaque année leurs
excédants de recettes au profit de livrets
de la Caisse générale des retraites, cessè-
rent leurs répartitions.

Le service des pensions fut réglé par le
décret du 26 avril 1856, et une circulaire
ministérielle invita les sociétés à verser
tous les ans au fonds de retraites la portion
disponible de leur réserve. Pour encourager
les sociétés dans cette voie nouvelle, chaque année il est fait une répartition de subventions spéciales entre celles qui, dans le
courant de l'année précédente, ont fait un

versement à leur fonds de retraites. L'empressement que mettent les sociétés à accroître leur fonds de retraites et les nombreuses pensions qui sont déjà servies aux vieillards sont les preuves les plus évidentes que le gouvernement a trouvé le vrai moyen de combler une lacune importante dans l'organisation des sociétés de secours mutuels. Le décret du 26 avril 1856 a donc complété celui du 26 mars 1852, en permettant à toute société de promettre des pensions, quel que soit d'ailleurs le nombre de ses membres honoraires.

Voilà dans son ensemble la législation qui régit les sociétés approuvées. Mais, en voulant protéger l'institution de la mutualité, le gouvernement n'a voulu faire aucune pression sur les individus. Aussi a-t-il reconnu l'existence légale de trois catégories de sociétés de secours mutuels :

1° Les sociétés reconnues comme établissements d'utilité publique, régies par la loi du 15 juillet 1850 ;

2° Les sociétés approuvées conformément au décret-loi du 26 mars 1852 ;

3° Les sociétés privées ou simplement autorisées en vertu de l'article 291 du Code pénal.

Les sociétés reconnues, bien que régies par la loi de 1850, peuvent jouir des avantages offerts par le décret de 1852. Les sociétés de cette catégorie sont en très-petit nombre et peuvent être considérées comme des associations d'un genre exceptionnel.

Les sociétés de la deuxième catégorie sont exclusivement régies par le décret du 26 mars 1852 ; ce sont celles que le gouvernement s'efforce de propager dans toutes les communes de la France. Aussi nous en ferons connaître un peu plus loin l'organisation et les formes diverses.

Enfin, la troisième catégorie comprend

les sociétés qui sont simplement autorisées en vertu de l'article 291 du Code pénal.

Les rapports de ces associations avec l'administration supérieure peuvent se résumer de la manière suivante :

Avant d'accorder l'autorisation, le préfet examine si les statuts ne renferment rien de contraire au but que doit se proposer une société de secours mutuels. Une fois l'autorisation accordée, le rôle de l'administration se borne à veiller à ce que les réunions soient calmes et qu'on n'y traite aucune question étrangère à la mutualité. Les présidents sont tenus de prévenir l'autorité des jours de réunion, pour qu'un agent puisse s'y rendre. Chaque année, ces sociétés sont obligées d'adresser au préfet le compte rendu de leurs opérations. En cas de mauvaise gestion ou pour tout autre motif l'autorité a toujours le droit de les dissoudre, aux termes de l'article 1er de la loi du

10 avril 1834, l'autorisation accordée étant révocable. La liquidation des fonds s'opère conformément aux dispositions de leurs statuts ; si les statuts n'ont pas prévu le cas de liquidation, celle-ci s'opère suivant les règles du droit commun. L'intervention de l'autorité se borne à indiquer le délai dans lequel la liquidation doit être terminée.

Avant la promulgation du décret du 26 mars 1852, il existait un grand nombre de sociétés composées, pour la plupart, de personnes exerçant la même profession. L'article 18 du décret les a admises à profiter des avantages de l'approbation à la condition de mettre leurs statuts en harmonie avec le décret, en mentionnant le principe de l'admission des membres honoraires, et l'interdiction de secours en cas de chômage. Quelques-unes de ces sociétés avaient déjà inséré d'elles-mêmes dans leurs statuts, au moment de leur fondation, les deux premières conditions. C'est donc avec empressement qu'elles vinrent demander la protection efficace du gouvernement, en soumettant leurs statuts à l'approbation du préfet.

Ces sociétés, fondées par l'initiative de particuliers, ont pris la dénomination de *sociétés particulières*, par opposition aux *sociétés communales ou municipales*, créées en vertu de l'article 1er du décret de 1859.

Chacune des sociétés communales peut comprendre dans sa circonscription plusieurs petites communes, lorsque la population d'une seule ne présente pas les éléments nécessaires pour la formation d'une société distincte ; au contraire, lorsque la population d'une ville est trop considérable, on établit une société par arrondissement ou même par quartier, comme cela a été fait pour Paris.

Les sociétés approuvées peuvent donc se diviser en deux classes :

1° Les sociétés communales ou municipales fondées par les soins des maires conformément à l'article 1er du décret organique.

2° Les sociétés particulières dues à l'initiative des particuliers. Un grand nombre de ces sociétés sont purement professionnelles.

Les statuts des sociétés de la première classe sont à peu près conformes au modèle préparé par l'administration supérieure. Ils admettent les personnes de toutes professions et de l'un ou de l'autre sexe.

Viennent ensuite les associations spéciales à un corps de métiers. Celles-ci se rencontrent naturellement dans les grandes villes où elles peuvent facilement se recru-

ter. Il en est d'autres dont la circonscription est limitée à une usine ou à une fabrique, sans avoir une organisation tout à fait
identique à celle des autres sociétés corporatives approuvées; les associations d'usines
ou de fabriques peuvent obtenir l'approbation à la condition d'insérer dans leurs statuts les dispositions essentielles prescrites
du décret organique.

Une des formes de la mutualité qui a le
mieux réussi dans les campagnes où les travaux agricoles sont la principale occupation
des populations, est celle où l'indemnité en
argent est remplacée par des journées de
travail que les associés valides sont tenus
de donner à ceux qui sont malades. Les
services rendus par ces associations sont
très-précieux, puisque le malade est rem-
placé dans son travail et que son champ
ou sa vigne menacés de rester incultes sont
cultivés par ses associés.

Un grand nombre de sociétés de secours
mutuels sont placées sous l'invocation d'un
saint dont elles célèbrent la fête par une
cérémonie religieuse. Il en existe même
dans lesquelles l'élément religieux occupe
une place importante, telles sont les sociétés dites de Saint-François-Xavier organisées pour la circonscription d'une pa-
roisse.

La constitution de ces sociétés diffère des
autres sociétés de secours mutuels. Elles
tiennent ordinairement leurs assemblées
générales dans une église. A côté du président, il y a un prêtre directeur dont les
fonctions consistent à faire des instructions religieuses aux associés. Composées
de personnes de l'un ou l'autre sexe, ces
associations semblent rappeler les anciennes confréries par leur côté religieux et
leur caractère d'assistance mutuelle.

On voit par l'organisation de ces diverses

sociétés, que le décret du 26 mars 1852 a
permis à la mutualité de se produire sous
toutes les formes. De plus l'institution n'est
pas restée le privilége exclusif de la classe
ouvrière. Sur la proposition de la commission supérieure, le ministre de l'intérieur n'a
pas hésité à autoriser la formation de sociétés qui, en raison de leur composition et de
la sphère où elles agissent, s'écartaient des
conditions ordinaires et demandaient à s'é-
tendre non seulement à un département,
mais encore à toute la France. C'est ainsi
que chaque département ne tardera pas à
être doté d'une société composée des institu-
trices et des instituteurs publics. D'un autre
côté, l'association générale des médecins de
France organisée en 1858, a été, dit la commission supérieure par l'organe de M. le
vicomte de Melun, « un grand exemple de
« l'introduction de la mutualité dans les
« classes supérieures et les professions li-

« bérales. Cette association s'est proposé
« non d'accorder une indemnité quotidienne
« aux malades, mais de protéger d'autres
« situations, de satisfaire à d'autres besoins.
« Elle tend la main aux associés tombés
« dans le malheur, vient au secours de la
« veuve et de l'enfant qu'une mort préma-
« turée du chef de famille laisse dans une
« pauvreté d'autant plus inattendue. »

En accordant l'approbation à l'association
générale des médecins de France, qui d'ailleurs se renferme strictement dans les limites de l'assistance mutuelle, le gouvernement a voulu « encourager l'application
« de la mutualité dans toutes les classes, à
« toutes les conditions, car toutes ont dans
« l'isolement individuel leur cause de déca-
« dence, leurs chances de ruine. L'associa-
« tion doit appeler, dans le domaine de l'in
« telligence et de la science, la fortune, le
« talent et la réputation des uns à protéger

3.

« l'inexpérience, le malheur et l'obscurité
« des autres, comme elle appelle, dans la
« région du travail, la santé, la force, la
« jeunesse au secours des malades, des
« infirmes et des vieillards. »

L'association générale des médecins de
France ayant été l'objet d'une mention spéciale de la part de la commission supérieure,
nous allons en faire connaître l'organisation.

Cette association qui a son siége à Paris
est administrée par un conseil. Elle se compose de sociétés locales organisées par arrondissement ou par département; chaque
société locale a un président et s'administre
elle-même, conformément à des statuts uniformes pour toutes. Toute société de médecins qui désire se constituer par arrondissement ou par département est tenue de
s'agréger à l'association générale pour obtenir l'approbation.

D'après leurs statuts, les sociétés locales sont obligées de verser dans la caisse de l'association générale, en outre du montant des droits d'admission imposés aux nouveaux sociétaires, le dixième de leurs recettes annuelles. Ces versements forment un fonds de réserve destiné à venir en aide aux sociétés locales dont les ressources seraient momentanément insuffisantes pour satisfaire aux besoins de leurs membres, et à constituer un fonds de retraites dans les conditions du décret du 26 avril 1856. C'est à l'aide de ce fonds de retraites commun que l'association générale se propose de servir des pensions aux membres des différentes sociétés locales.

Au nombre des ingénieuses combinaisons auxquelles l'association a donné naissance, il en est une qui a été tentée par plusieurs sociétés de secours mutuels de Paris. Il est regrettable qu'elle n'ait pas réussi. Il s'agissait de diminuer pour l'ou-

vrier le prix des denrées alimentaires et
des objets de première nécessité. Le moyen
était très-simple : Tous les membres de
l'administration devaient s'adresser aux
mêmes fournisseurs. Ceux-ci, assurés d'une
vente pour ainsi dire forcée, avaient con-
senti à des réductions sensibles sur le prix
de la viande, du vin, du charbon, du bois,
des épiceries, etc... Mais bientôt les sociétaires s'aperçurent que la remise qui leur
était faite n'était que nominale, car les
fournisseurs, il faut l'avouer, ne livraient
pas les marchandises de la qualité demandée ou bien ne donnaient pas le poids suffisant. On dut malheureusement renoncer à
un système qui pouvait avoir le double
résultat d'offrir aux membres des sociétés
des avantages sérieux, et de laisser les
sociétés elles-mêmes en dehors d'opérations commerciales de nature à compromettre leurs ressources.

Le désir de procurer aux membres des
sociétés de secours mutuelsl a vie à bon
marché devint général après la promulgation de la loi du 24 juillet 1867 sur les sociétés coopératives. Un grand nombre de
sociétés approuvées demandèrent l'autorisation de s'annexer des sociétés coopératives de consommation. Plusieurs même
se réunirent pour ne former qu'une seule
société de consommation.

La commission supérieure instituée, par
le décret du 26 mars 1852, gardienne des
intérêts des sociétés, n'a pas été d'avis
que ces demandes fussent acceptées. Elle
a pensé qu'il ne serait pas prudent d'autoriser les sociétés approuvées à affecter une
portion de leur réserve à la formation d'une
société coopérative, et que l'adjonction d'une
association de cette nature leur ferait courir des chances de pertes. En effet, le
mode de procéder des sociétés de secours

mutuels a été sagement réglé, de manière
à les mettre pour ainsi dire à l'abri de
toute catastrophe. Il importait donc de ne
pas introduire dans le fonctionnement de
ces sociétés un élément aléatoire. D'ailleurs
le décret du 26 mars 1852 a défini le but
des sociétés de secours mutuels et déterminé l'emploi de leurs ressources. Il ne
saurait donc être légal que, pour procurer
à leurs membres un avantage nouveau non
prévu par ce décret, les sociétés fussent
autorisées à distraire une partie des fonds
destinés à remplir les engagements qui
leur sont spécialement imposés par la loi.

Mais, en dehors même du point de vue
légal, l'adjonction d'une société de consommation a paru à la commission supérieure contraire aux intérêts bien entendus
des sociétés de secours mutuels. Les avantages des sociétés coopératives de consommation ne sauraient être contestés, mais

leurs opérations sont soumises à toutes
les vicissitudes du commerce et de la spéculation. En vain espérerait-on éviter les
dangers en exigeant, en cas d'adjonction,
une comptabilité et une caisse distinctes.
En cas d'insuccès, la responsabilité de la
société de secours mutuels est inévitable,
alors même que les statuts auraient établi
entre les deux associations une séparation
complète. D'un autre côté, les présidents
de sociétés de secours mutuels, capables de
remplir les fonctions pour lesquelles ils
ont été choisis, seraient la plupart du
temps étrangers à la science et aux apti-
tudes commerciales, et n'auraient aucune
des qualités nécessaires pour bien diriger
les ventes et les achats qui sont les bases
d'une société de consommation.

Nous avons, à plusieurs reprises, dans le
cours de ce travail, signalé le rôle impor-
tant de la *commission supérieure d'en-*

couragement et de surveillance des so-
ciétés de secours mutuels. Par son
concours dévoué et intelligent, cette commission supérieure avait rendu d'éminents
services à la mutualité française. De même
que la *commission permanente belge*,
elle était le conseil, l'appui et le contrôle
du ministre de l'intérieur. Ce n'est pas sans
un profond regret que les présidents des
sociétés de secours mutuels, qui avaient
trouvé dans cette commission un guide
sûr et bienveillant, ont appris qu'elle avait
été supprimée par un arrêté ministériel du
19 octobre 1870. Tous les vrais amis de la
mutualité, ceux qui espèrent qu'elle aura
pour résultat, comme elle a pour mission
de diminuer le personnel du paupérisme et
de réduire le fardeau des bureaux de bienfaisance, souhaitent vivement que le gouvernement reconstitue auprès du ministère
de l'intérieur cette haute commission qui

.a fait ses preuves, comme la commission permanente de Belgique, maintiendrait les traditions et seconderait l'administration en provoquant ou en rectifiant son initiative.

Nous ne terminerons pas ce résumé de la législation et de l'organisation des sociétés de secours mutuels en France sans donner l'aperçu statistique de la situation de ces associations présentée par la commission supérieure dans son dernier rapport.

Il suffit de jeter un regard sur les statistiques officielles pour se rendre compte de l'influence bienfaisante de nos lois sur l'état prospère et progressif des sociétés françaises.

Au 31 décembre 1851, il existait en France 2,237 sociétés de secours mutuels, ayant un personnel de 20,192 membres honoraires et de 255,472 membres participants : leur avoir s'élevait à 9,649,660 fr.

Au 31 décembre 1872 (dernier compte rendu public), le nombre des sociétés s'élevait à 5,793, savoir : 4,237 approuvées et 1,556 autorisées.

	Sociétés approuvées.	Sociétés autorisées.
Membres honoraires. . .	95,731	11,839
Membres participants . .	589,929	197,043

Sur 589,929 participants des sociétés approuvées, on comptait 413,496 hommes et 80,702 femmes ; dans les sociétés autorisées, 174,564 hommes et 22,479 femmes.

L'avoir général des sociétés se montait à la même époque à 57,990,889 fr. 96 c. Sur cette somme, les sociétés approuvées possédaient 41,731,337 fr. 58 c., y compris 20,178,427 fr. 41 c. formant le capital versé à leurs caisses pour les pensions de retraites ; les capital des sociétés autorisées était de 16,259,822 fr. 38 c.

Du dernier compte de la caisse des dépôts et consignations au 31 décembre 1872, il résulte que le solde créditeur des caisses de retraite appartenant aux sociétés approuvées est de . . . 14,455,472 fr. 91 c.

Qu'il a été liquidé 3,927 pensions représentant un capital de   5,722,955   »

TOTAL. . . . 20,178,427 fr. 91 c. et que les rentes achetées au profit des pensionnaires s'élèvent à 258,219 francs.

Si l'on ajoute à cette somme de 20,178,427 fr. 91 c., formant le capital des caisses de retraite, le chiffre de 21,552,909 fr. 67 c. de fonds de réserve des sociétés au 31 décembre 1872, l'avoir des sociétés se trouve ainsi atteindre le chiffre total de 41,731,337 fr. 58 c.

L'analogie d'origine et l'assimilation des conditions sociales qui rapprochent à tant d'égards la Belgique et la France donnent un certain intérêt aux comparaisons suivantes :

1° Sociétés approuvées ou reconnues.

HOMMES ET femmes.	NOMBRE DES malades.		JOURNÉES PAYÉES PAR malade.		TOTAL DES JOURNÉES de maladie comparé à l'effectif des sociétaires.		PROPORTION DES DÉCÈS de l'année.	
	France.	Belgique.	France.	Belgique.	France.	Belgique.	France.	Belgique.
Pour 100 sociétaires...	26, 56	26, 72	17, 56	21, 82	4, 46	5, 83	1, 69	»

2° Sociétés autorisées ou non reconnues.

d°	32, 40	44, 76	20, 40	16, 97	6, 61	13, 15		

PRUSSE

En Prusse nul ne peut fonder une caisse de secours mutuels pour les veuves, les décès et les dotations, sans en avoir préalablement obtenu l'autorisation du gouvernement, comme le spécifie le § 340 du Code pénal du 14 avril 1851, ainsi conçu :

« Sera puni d'une amende de 50 thalers « (environ 187 fr.) ou d'un emprisonne- « ment de six semaines au plus, quiconque « fondera, sans l'autorisation du gouver-

« nement, une caisse de secours mutuels
« pour veuves, parents des décédés, dota-
« tions, etc.....; quiconque aura, en pro-
« mettant des rentes ou des secours pécu-
« niaires, fait payer, lors de l'admission du
« récipiendaire, certaines taxes ou des co-
« tisations périodiques. »

Il est à remarquer que l'autorisation accordée par le gouvernement ne confère
aucun avantage aux caisses ou associations, elle n'a pas d'autre valeur que celle
d'une formalité de police. En effet, dit le
Code pénal, le gouvernement ne tient
compte que des intérêts de l'État et de
l'ordre public ; il n'entend pas constituer à
ces caisses de secours un droit juridique.
Pour que ces caisses puissent ester en
justice, il leur faut l'autorisation des ma-
gistrats désignés dans l'ordonnance royale
du 29 septembre 1833. Ainsi, pour les
caisses provinciales, c'est l'autorité du

chef-lieu qui accorde l'autorisation; quand les opérations de ces caisses s'étendent à plusieurs provinces, c'est le ministre de l'intérieur et de la police qui donne cette autorisation.

Telle est la règle générale à laquelle les fondateurs de sociétés sont tenus de se conformer. De plus, certaines associations, par la composition de leurs membres, sont soumises à une organisation spéciale. Ce sont les caisses de maladie ou de décès des compagnons de métier et des ouvriers de fabrique, ainsi que les caisses de secours des membres de corporation ou des patrons travaillant isolément.

Ces caisses sont réglementées par les §§ 104, 144, 145, 168 et 169 du Code général de l'industrie du 17 janvier 1845, et des §§ 56, 57, 58 et 59 de l'ordonnance du 9 février 1849.

D'après le § 104 du Code général de l'industrie, les corporations doivent :

1° Surveiller l'admission, l'éducation et la conduite des apprentis compagnons et aides des membres de la corporation ;

2° Diriger l'administration des caisses de secours et d'épargne, fondées par les membres de la corporation dans le but de s'entr'aider en cas de maladie, et de procéder aux obsèques de ceux qui viennent à décéder ;

3° S'occuper des veuves et des orphelins des membres de la corporation, veiller surtout à l'éducation industrielle des orphelins.

Le § 144 réserve au gouvernement la faculté de modifier et de compléter, au besoin, l'organisation des associations fondées dans un but d'assistance réciproque. Il défend de refuser l'admission dans ces associations d'un compagnon ou d'un aide sous le seul prétexte qu'il ne travaille pas chez un membre de la corporation.

Aux termes du § 145, les dispositions qui précèdent s'appliquent également aux ouvriers de fabrique.

Le § 168 stipule que l'organisation des caisses des corporations ainsi que des compagnons, aides et apprentis, peut être modifiée par des statuts locaux approuvés par le ministre de l'intérieur. Ces statuts sont préparés par l'autorité communale qui consulte préalablement des artisans intéressés à la solution de la question, et des membres de corporations, s'il en existe dans la localité.

Si ces résultats modifient la constitution des corporations déjà existantes, on ne peut les adopter qu'avec le consentement de ces corporations. Les corporations qui viennent à se former sont soumises aux statuts locaux déjà approuvés.

D'après le § 169, les statuts locaux peuvent régler les rapports des patrons libres
et indépendants avec leurs compagnons,
aides et apprentis, en stipulant qu'aucun
accord particulier ne peut modifier ces
rapports.

Tous les compagnons et aides travaillant
dans une localité peuvent être astreints à
se faire recevoir membres des associations
et caisses de secours mutuels, sans qu'il
soit permis d'établir une distinction entre
les compagnons et aides des membres de
corporations, et les compagnons et aides
travaillant chez des patrons qui ne font pas
partie de corporations.

L'ordonnance du 9 février 1849 con-
firme, en les complétant, les dispositions
du Code général de l'industrie.

En effet, le § 56 stipule que les statuts
locaux peuvent astreindre tous ceux qui,
dans la circonscription de la commune,

exercent librement un métier, sans faire partie de la corporation spéciale à ce métier, à entrer, du consentement de cette corporation, dans l'association de secours fondée par cette corporation au profit des malades, décédés, veuves et orphelins des membres de la corporation.

Dans ce cas, on ne doit établir aucune différence entre les cotisations, prestations et avantages des membres de la corporation, et les cotisations, prestations et avantages des artisans libres. Ces derniers doivent, en vertu de disposions expresses, participer, comme les autres associés, à la gestion de la caisse et aux délibérations relatives aux affaires générales, et être mis au courant des résultats obtenus par l'administration de la caisse.

Suivant le § 57, des statuts locaux peuvent imposer à tous ceux qui, dans les communes, exercent librement, comme maîtres, le même métier ou des métiers analogues, l'obligation de s'associer et de se cotiser au profit d'institutions ayant pour but de fournir du travail ou des secours à des compagnons et aides malades ou nécessiteux ; d'instruire, en matière d'industrie, les apprentis, compagnons et aides, le tout conformément aux clauses établies par l'autorité communale avec la sanction du gouvernement. Les cotisations doivent être fixées par une règle commune pour tous les associés.

On ne peut exiger des patrons faisant partie de l'association, un total de cotisation supérieur à la moitié du total fourni par les compagnons et aides associés.

Les statuts locaux peuvent en outre astreindre les patrons à faire l'avance des cotisations dues par les compagnons et aides qu'ils emploient, sauf à en retenir le montant sur le salaire qui leur est dû.

Le § 58 stipule que les dispositions du § 169 du Code général de l'industrie, qui règlent les rapports des patrons avec leurs compagnons et apprentis, et l'entrée obligatoire dans les sociétés de secours mutuels, s'appliquent également aux ouvriers des fabriques.

Les statuts locaux peuvent en outre imposer aux fabricants l'obligation de verser dans les caisses sociales une somme égale à la moitié des cotisations réunies de leurs ouvriers, et d'avancer la mise de ces derniers, sauf à la retenir au premier jour de paye.

Les fabricants ont une part dans la gestion des caisses de secours en rapport avec l'importance de leur cotisation sociale et industrielle.

Aux termes du § 59 toutes les cotisations des compagnons, aides et ouvriers de fabriques, destinées à être versées dans les cais-

ses des associations mentionnées aux
§§ 144 et 169 du Code général de l'industrie
et aux §§ 57 et 58 de la présente ordonnance,
ainsi que les cotisations et avances des patrons et fabricants, peuvent être perçues
par voie exécutive sur l'ordre du gouvernement s'il y a lieu.

Enfin, par une disposition du Code général de l'industrie, la moitié des frais de gestion des caisses de secours mutuels peut
être imposée aux communes. En revanche,
ces associations sont placées sous la surveillance des autorités municipales.

Voilà dans son ensemble la législation
sur les associations mutuelles en Prusse.
Mais les dispositions que renferme le Code
général de l'industrie ne semblent pas avoir
reçu une exécution complète. En effet, une
circulaire du ministre de l'intérieur en date
du 31 mai 1855 constate avec regret que
dans beaucoup de villes manufacturières, il

n'existe pas de caisses de secours mutuels, que les ouvriers ne sont pas disposés à payer des cotisations périodiques, ni les fabricants à faire des versements égaux en valeur au total des sommes fournies par les ouvriers. Le ministre insiste pour que la loi soit strictement exécutée aussi bien par les ouvriers que par les fabricants. Bien que la participation des fabricants soit prescrite formellement par le § 58 de l'ordonnance du 9 février 1849, le ministre est d'avis cependant que, dans certains cas exceptionnels, il ne faut pas trop user de rigueur à leur égard. Il menace, toutefois, de se montrer sévère envers les fabricants qui, pour mieux pouvoir payer leur quote-part, diminueraient à dessein le salaire de leurs ouvriers.

Il ne sera pas sans intérêt de connaître l'organisation des principales sociétés, notamment de celles des serruriers, éperonniers et armuriers de Berlin, des tailleurs d'habits de Magdebourg, des typographes et lithographes berlinois.

Les statuts de la caisse des secours des serruriers, éperonniers et armuriers de Berlin, dont nous donnons une analyse assez complète, ont été approuvés en 1852. Ils exigent que tous les compagnons de ces métiers réunis versent, pendant tout le temps de leur séjour à Berlin et tant qu'ils y travaillent, des cotisations régulières dans la caisse de la société. Nul de ceux qui doivent faire partie de l'association ne doit essuyer un refus quand il demande son admission. Tout patron qui occupe un ouvrier non inscrit à la caisse de secours est passible d'une amende. Les associés payent environ 85 centimes par mois. Celui qui quitte Berlin avant le 8 du mois et celui qui entre dans l'association avant le 24 sont exempts de la cotisation pour ce mois-là. Toute augmentation du montant des cotisations mensuelles doit être signifiée aux intéressés au moins huit jours à l'avance par les journaux d'annonces et une affiche. Conformément aux dispositions du Code général de l'industrie, les patrons retiennent le montant des cotisations sur le salaire de leurs ouvriers et le remettent au caissier de l'association. Après huit jours de retard, l'autorité communale intervient par voie d'huissier. Quand un associé tombe malade ou est blessé, l'association lui fournit gratuitement les soins du médecin et les médicaments, paye son séjour dans un hôpital ou dans une maison de santé. Si sa convalescence dure plus de huit jours, on lui donne environ 2 francs par semaine. Les sociétaires atteints de maux incurables, d'aliénation mentale ou affectés de maladies causées par la débauche ne sont pas secourus par la société. Dans aucun cas la durée des secours ne peut excéder une année.

Tout sociétaire qui fait pendant plus de quinze jours son service dans la landwerh est dispénsé de payer sa cotisation tant que dure ce service. Si un associé meurt à son domicile, une somme de 18 thalers (67 fr. 50) est affectée à ses obsèques ; s'il meurt dans un hôpital, la société ne paye que 12 thalers (45 fr.); 24 associés sont convoqués pour assister à l'enterrement.

On cesse de faire partie de l'association quand on quitte Berlin, quand on devient patron ou que l'on change de métier.

L'argent de la caisse ne peut servir aux frais de fêtes, ni particulières ni générales. Les fonds disponibles sont placés à la caisse d'épargne communale. Le directeur et le trésorier sont élus par les associés, le premier pour trois ans, le second pour un temps indéfini. Chacun de ces deux fonctionnaires a un suppléant également élu. En outre de ses frais de bureau, le directeur de

la caisse reçoit un traitement mensuel de
25 thalers (94 fr.); il est de plus dispensé de
toute cotisation personnelle. Sa gestion est
contrôlée par l'autorité municipale qui le
maintient à son poste ou le révoque s'il y a
lieu.

Les statuts de la société des tailleurs
d'habits de Magdebourg, approuvés en 1852
diffèrent peu de ceux de la société qui précède; cependant ils renferment quelques
dispositions particulières.

Ainsi les associés payent un droit d'admission de 5 silbergroschens (environ 65 c.)
et une cotisation mensuelle de même somme.
Ainsi que cela a lieu dans la société des
serruriers, les patrons payent les cotisations
de leurs ouvriers, sauf à en retenir le montant sur les salaires. Tout patron qui con-
gédie un ouvrier est tenu d'en informer le
directeur de la caisse dans un délai de
3 jours, sous peine d'une amende de 1 à 3

thalers (de 3 fr. 75 à 11 fr. 25). La direction
de la caisse peut, si elle le juge à propos,
accorder à des ouvriers de passage acciden-
tellement malades un secours journalier qui
varie de 5 à 20 silbergroschens (de 65 cent.
à 2 fr. 25).

Le directeur a droit à des frais de bureau,
mais il ne reçoit aucun traitement.

La société des typographes de Berlin
offre dans ses statuts approuvés en 1859
les particularités suivantes. Les associés
payent une cotisation de 6 silbergroschens
(75 cent.) par semaine. Cette cotisation
peut, en cas de besoin, être élevée à 10 silbergroschens (1 fr. 25). Les malades reçoivent une subvention de 3 thalers (11 fr. 25)
par semaine. Si après 15 ans de sociétariat,
l'associé devient infirme, il a droit à une
pension de 1 thaler 10 silbergroschens (5 fr
par semaine. Après 20 ans de sociétariat,
il reçoit par semaine 1 thaler 20 silbergros-

chens (6 fr. 25); s'il compte plus de 25 années d'association la pension est de 2 thalers (7 fr. 50) par semaine. Un retard de trois semaines dans le payement de la cotisation, prive l'associé des avantages de l'association. Quiconque dans l'espace de trois années a été alité pendant 90 semaines cesse d'avoir droit aux secours. Les frais d'enterrement ne peuvent jamais excéder 25 thalers (93 fr. 75). Les parents d'un sociétaire décédé après 5 années de sociétariat reçoivent un secours de 30 thalers (112 fr. 50). Ce secours est de 35 thalers (131 fr. 25) si le sociétaire avait fait partie de l'association pendant 10 ans, de 40 thalers (150 fr.) s'il comptait 15 années d'affiliation, enfin de 60 thalers (225 fr.) si le défunt avait plus de 20 ans de sociétariat.

Chaque typographe de passage à Berlin reçoit une subvention de 1 thaler (3 fr. 75) par semaine, mais il doit rembourser le

montant des subventions reçues s'il trouve
de l'ouvrage dans cette ville.

Tout membre qui compte au moins 40 ans
de sociétariat reçoit, même sans qu'il soit
devenu infirme, un subside hebdomadaire
de 1 thaler (3 fr. 75) soit une pension de
195 fr. environ par an.

Le directeur de la caisse reçoit en outre
de ses frais de bureau, un traitement de
100 thalers (375 fr.) payables par trimestre.
Les visiteurs des malades membres de l'association et non médecins reçoivent un traitement annuel de 12 thalers (45 fr.) payables par trimestre.

Dans la société des lithographes de Berlin,
si un associé perd sa femme il peut obtenir
un secours de 12 thalers (45 fr.) pour frais
d'enterrement. Le montant de ce secours
est produit par une cotisation supplémen-
taire versée par chaque associé.

Nul ne peut recevoir la pension d'invalide

qu'après dix années de sociétariat. Toutefois, il ne peut y avoir qu'un pensionnaire par cent associés.

En général, en fondant des caisses de secours mutuels, les ouvriers compagnons de métiers ont pour but de faire soigner ceux d'entre eux qui tombent malades, et de pourvoir aux frais funéraires. Le secours aux infirmes et aux vieillards n'est que rarement prévu dans les statuts, attendu que ces sociétés se composent de célibataires jeunes qui espèrent devenir patrons dans un avenir peu éloigné.

Les ouvriers de fabriques, au contraire, mariés pour la plupart, s'associent dans le but, non-seulement de secourir les malades, mais encore d'accorder des secours aux femmes, aux enfants et aux parents des sociétaires décédés.

On a publié, en 1861, une statistique des sociétés qui existaient à cette époque dans la monarchie prussienne. Leur nombre était de 3,644 comptant 727,190 associés, et possédant un capital de 1,361,919 thalers (5,107,196 fr. 95 c.).

Ces 3,644 sociétés se divisaient de la manière suivante :

2,219 caisses fondées par les compagnons de métiers travaillant chez des patrons. Le nombre des associés était de 157,664, et leurs ressources s'élevaient à 124,752 thalers (467,820 fr.) ;

779 caisses composées d'ouvriers de fabriques, au nombre de 170,847, et possédant un avoir de 825,176 thalers (3,131,910 fr.) ;

158 sociétés formées par 7,074 membres de corporations industrielles. Leur avoir s'élevait à 24,878 thalers (93,292 fr.) ;

488 sociétés non industrielles compre-

nant 91,605 membres, et possédant 377,113 thalers (1,414,173 fr. 75 c.).

En outre des sociétés mentionnées dans la statistique qui précède, il existe en Prusse une catégorie d'associations qui portent le nom particulier de Knappschaften (sociétés de mineurs), répandues dans toute l'étendue de la monarchie.

Ces associations sont régies par une loi spéciale en date du 10 avril 1854, qui s'applique également aux sociétés des ouvriers d'usines et des salines.

Une instruction ministérielle du 3 avril 1855, relative à l'exécution de cette loi, a tracé les règles d'après lesquelles doivent être organisées ces sortes d'associations.

Aux termes de cette instruction, tous les mineurs sont tenus d'entrer dans l'association.

Les districts sur lesquels s'étendra chaque association, ne devront être ni trop vastes ni trop restreints. Ils devront cóncorder, autant que possible, avec la distribution topographique des arrondissements et cantons mineurs.

Les statuts de chaque association doivent indiquer le siége de la société, les conditions d'admission et d'exclusion, la division des associés en catégories, les devoirs et les droits des associés. Ils règlent les conditions faites à ceux des sociétaires appelés momentanément au service militaire.

Sont exclus de l'association ceux qui abandonnent sans motif valable les travaux, ceux qui passent dans une autre association, ceux qui enfreignent les règlements en vigueur dans les mines, ceux qui, malgré des avis réitérés, ne payent pas leurs cotisations.

L'association est dirigée par un comité spécial, nommé, à défaut d'électeurs, par l'administration des mines, qui est, d'ailleurs, chargée du contrôle de la gestion

Les statuts doivent mentionner la possibilité et le mode de leur révision éventuelle.

C'est l'administration des mines qui rédige les statuts d'une nouvelle société à fonder, et qui les soumet à l'approbation du ministre du commerce, de l'industrie et des travaux publics.

Les propriétaires des mines sont invités à se réunir pour émettre leur avis sur les statuts proposés. S'ils ne se rendent pas à la convocation, ils sont considérés comme donnant leur consentement. Ils peuvent, d'ailleurs, se faire représenter à la réunion par des mandataires. Les ouvriers, de leur côté, peuvent avoir des représentants à raison de un représentant par cent ouvriers.

Après avoir indiqué les bases générales d'après lesquelles les associations de mi-

5.

neurs doivent être établies, l'instruction ministérielle précise l'organisation intérieure de chaque association.

Un sociétaire malade ne peut s'adresser qu'au médecin et au pharmacien de la société.

Les malades doivent continuer à payer leurs cotisations.

La quotité des versements périodiques à opérer par chaque associé est déterminée suivant la catégorie à laquelle appartient le sociétaire.

Chaque associé reçoit un livret qui contient les statuts, son nom, et les versements par lui opérés.

Les veuves des mineurs pensionnés comme invalides, et les enfants issus de mariages contractés par des invalides, n'ont droit à aucun secours. Il faut qu'un ouvrier mineur se soit marié avant de devenir invalide, pour que sa veuve ou ses enfants puissent recevoir des secours.

Les pensions des invalides et des veuves de mineurs, non encore invalides au moment de leur mariage, sont incessibles et insaisissables.

Les cotisations des propriétaires de mines doivent, autant que possible, être égales à la somme des cotisations fournies par leurs ouvriers.

Les directeurs des associations doivent être élus à la majorité absolue par les représentants des ouvriers, et par les propriétaires de mines ou leurs mandataires. Si un employé des mines est élu, il ne peut accepter les fonctions qui lui sont confiées qu'avec le consentement de ses supérieurs.

Le président du comité directeur est élu par ses collègues du comité. C'est le président qui représente l'association vis-à-vis du gouvernement.

Quand l'État possède des mines, il envoie des mandataires aux assemblées électorales. Si tous les membres d'une association appartiennent à une mine de l'État, les mandataires de l'État constituent la moitié du comité directeur de l'association.

C'est le comité directeur qui fixe le traitement du médecin et des divers agents de l'association (caissier, garçons de bureau, etc.).

Le caissier peut être un fonctionnaire royal, avec l'autorisation du ministre du commerce, de l'industrie et des travaux publics. Sa gestion est contrôlée par le comité directeur et par le gouvernement.

Deux ou plusieurs associations peuvent fusionner, avec l'autorisation du ministre du commerce; il en est de même pour la division d'une association en deux ou plusieurs.

Enfin, s'il y a lieu de modifier les statuts,

tous les sociétaires se réuniront pour élire
des délégués qui seront chargés de proposer
les modifications à introduire.

En outre des nombreuses dispositions qui
précèdent, et qui sont applicables à toutes
les associations de mineurs, quelques sociétés ont inséré dans leurs statuts certaines clauses qu'il convient de faire connaître. Ainsi, dans les statuts de la société
des mineurs de Saarbrük, approuvés en
1863, il est dit qu'il faut avoir été pendant
six ans membre provisoire, avant de pouvoir devenir associé définitif. Le récipiendaire doit savoir lire, écrire et calculer
assez bien pour être à même d'apprécier
par lui-même l'exactitude des comptes de
salaire qui lui sont remis par ses supérieurs.

Le taux de la cotisation mensuelle équi-
vaut, pour chaque mineur, à huit heures
de travail. Quand il se marie, le sociétaire

doit payer une nouvelle taxe, qui varie suivant son salaire, de 1 à 2 thalers (de 3 fr. 75 c. à 7 fr. 50 c.). S'il laisse s'écouler quatre semaines sans annoncer son mariage, la taxe est triplée.

Le mineur invalide reçoit une pension viagère transmissible, en partie, à sa veuve. Quant aux orphelins, l'association les entretient, les garçons jusqu'à seize ans et les filles jusqu'à quinze ans. Du vivant des mineurs leurs enfants reçoivent l'instruction gratuitement.

Les sociétaires ont droit : les célibataires à 15 quintaux de houille, les mariés à 30 quintaux par an, qui leur sont vendus à très-bas prix.

A part les cas d'accidents, les membres provisoires ne jouissent pas d'avantages aussi grands que les membres définitifs.

Les invalides reçoivent, selon les grades qu'ils exerçaient comme mineurs, une pen-

sion mensuelle qui varie de 6 à 18 thalers
(de 22 fr. 50 c. à 67 fr. 50 c.). La pension
des veuves ne peut excéder 11 thalers
(41 fr. 25 c.) par mois. Les veuves qui se
remarient perdent leurs droits à la pension;
celles qui ont quinze ou vingt ans de moins
que leurs maris, n'ont aucun droit à la pension. Toutefois, le sociétaire qui veut favoriser sa femme et la rendre apte à toucher
la pension, peut le faire en payant, pendant cinq années consécutives, une cotisation double.

Les malades peuvent recevoir de 5 à 7
silbergroschens (62 c. à 1 fr. 25 c.) par
jour, pendant six mois au plus. Après ce
délai, le malade est considéré comme invalide. Les sociétaires qui sont éloignés de
leurs parents ne reçoivent aucun secours,
en cas de maladie, s'ils se font soigner ailleurs que dans une infirmerie de l'association.

D'après les statuts de la caisse des mineurs de Bachum, approuvés en 1861, les associés sont divisés en trois classes. Une conduite irréprochable, et deux ans de travaux, font passer de la 3ᵉ dans la 2ᵉ, et de la 2ᵉ dans la 1ʳᵉ. Pour être admis dans la 2ᵉ classe, il ne faut pas être âgé de plus de trente-cinq ans, ni de plus de quarante pour faire partie de la 1ʳᵉ classe. La cotisation varie, suivant la classe et les grades, de 6 à 30 silbergroschens (de 75 c. à 3 fr. 75 c.). Les membres de la 3ᵉ classe n'ont pas le droit de voter dans les assemblées générales.

Les statuts s'occupent également de choses étrangères à la mutualité. Ainsi, les ouvriers ne peuvent pas être payés autrement qu'en numéraire. Les coalitions des patrons, comme celles des ouvriers, sont absolument interdites. Elles peuvent être punies d'un an d'emprisonnement.

Les mineurs de la haute Silésie ont également une caisse de secours dont les statuts renferment les particularités suivantes:

Pour faire partie de l'association, il faut être indigène ou naturalisé. Les associés sont tenus, sous peine d'une amende, de faire connaître tous les cas de naissance ou de décès survenus dans leur famille. Si une veuve se remarie à un membre de l'association, elle a droit à une somme de 30 thalers (112 fr. 50 c.). Quand les enfants d'un associé sont débiles et maladifs, l'association leur vient en aide jusqu'à ce qu'ils soient en état de vivre du produit de leur travail. Les associés devenus infirmes avant d'avoir droit à la pension sont remboursés des sommes qu'ils ont versées; mais alors ils cessent de faire partie de l'association.

Sauf les dispositions particulières que nous venons d'indiquer, et qui, pour la plupart, ont été adoptées par les sociétés de mineurs, les statuts de ces associations sont conformes à l'instruction ministérielle du 3 avril 1855.

D'après une statistique dressée en 1863 sur les associations de cette nature, il en existait, à cette époque, 77, comprenant 132,249 membres. Le nombre des invalides, des veuves, des orphelins, s'élevait à 23,805. Leur avoir général se montait à 2,903,418 thalers (10,887,717 fr. 50 c.).

Par son annexion à la Prusse, le Hanovre a changé son régime politique; mais son organisation intérieure, en ce qui concerne du moins les sociétés de secours mutuels, n'a pas dû, quant à présent, subir de modification. Aussi nous proposons-nous de faire connaître ce que nous avons recueilli sur cette institution dans le Hanovre.

Sans que l'on puisse les qualifier de véritables sociétés de secours mutuels, il existe des caisses parmi les classes non industrielles, qui assurent à leurs membres des secours en cas de maladie. Ces sortes d'associations ont besoin, pour se constituer, du consentement de l'autorité, en vertu de l'article 43 de l'ordonnance publiée, le 1er août 1847, sur les métiers, et cela si la caisse a un caractère d'assurance mutuelle. Toutefois, ces caisses ne sont régies par aucune législation générale ni spéciale.

D'un autre côté, l'article 140 de l'ordonnance précitée porte que : pour former une caisse de secours mutuels de compagnons, soit pour les compagnons d'une corporation seule, soit pour les compagnons de plusieurs corps de métiers réunis, il pourra être procédé par l'autorité locale, les intéressés entendus, à la constitution de cette caisse dont tous les compagnons devront faire partie. L'autorisation est donnée par le Drossart, fonctionnaire de même ordre qu'un Préfet en France. Dans le cas où les compagnons désirent dissoudre la caisse, c'est également le Drossart qui peut en accorder l'autorisation.

Aux termes de l'article 189 de la même ordonnance, des caisses de secours pour les compagnons de métiers qui ne forment pas une corporation distincte peuvent être établies, soit pour les compagnons d'un métier, soit pour les compagnons de plusieurs corps de métier réunis. Tous les compagnons des métiers en question qui viennent travailler dans les localités où de telles caisses sont établies, sont tenus d'y participer. Mais ils cessent d'en faire partie dès qu'ils quittent la localité, s'ils deviennent patrons ou s'ils cessent d'être compagnons.

La cotisation est hebdomadaire, les malades et les infirmes peuvent en être exonérés.

Le patron est responsable des cotisations de ses compagnons. Il est tenu de faire connaître sans retard, au caissier de l'association, le nom de chaque compagnon qui entre chez lui ou qui en sort. S'il ne se conforme pas à cette prescription, il est forcé de payer la cotisation du compagnon sorti, et est condamné à une amende égale au double de la cotisation ordinaire pour les compagnons nouvellement entrés chez lui.

L'autorité peut intervenir dans la répartition des secours. Si un sociétaire meurt, les frais de son enterrement sont d'abord couverts par ce que le défunt a laissé; mais ses effets ne peuvent être vendus qu'après un avertissement adressé aux héritiers; si les biens du défunt ne suffisent pas, la caisse de secours complétera la somme nécessaire, selon l'usage du pays.

La caisse de secours est placée sous la surveillance de l'autorité.

Ces différentes dispositions résultent d'un décret, en date du 15 octobre 1847, relatif à l'application de l'ordonnance sur les métiers.

L'article 85 de ce décret recommande la formation de caisses de secours dans les localités où elles seront utiles.

Indépendamment des caisses spéciales aux compagnons des corps de métiers, il en existe pour les ouvriers de fabriques. Ces caisses sont fondées sur des bases à peu près uniformes. Les membres du Conseil Directeur sont élus par les associés. Les récipiendaires payent un droit d'admission et une cotisation périodique. Les malades reçoivent des secours en rapport avec le chiffre de leur cotisation. La durée du secours peut être fixée à deux ans. Dans aucun des règlements qu'il nous a été permis d'examiner, il n'est question de pensions à accorder aux vieillards.

Une loi du 7 juin 1848 a prévu le cas où, dans certaines circonstances, la formation et le contrôle des caisses de secours pour les ouvriers de fabriques pourront être soumis à une réglementation de la part du gouvernement. Quoi qu'il en soit, il n'existe encore aucune disposition spéciale relative à la constitution, à l'administration ou à la surveillance de ces associations.

Nous terminerons cet aperçu sur la législation des sociétés de secours mutuels en Prusse, en donnant le dernier rapport qui nous a été communiqué, en 1869, sur la situation de ces institutions.

Au 31 décembre 1868, il existait en Prusse 2,350 caisses fonctionnant en faveur des compagnons des différentes professions. Elles comptaient 208,698 membres, les versements de l'année effectués par les membres s'étaient élevés à 334,092 thalers

(1,252,845 fr.); le montant des contributions à ces caisses par les patrons était de 23,008 thalers (86,280 fr.), et le fonds de caisse était représenté par une somme de 244,581 thalers (917,177 fr.).

En dehors de ces caisses il y en avait 1,286 de la même organisation, exclusivement destinées aux ouvriers travaillant dans les fabriques qui y participaient au nombre de 305,415. Les versements pendant l'année ont atteint le chiffre de 823,063 thalers (3,086,386 fr.); les patrons y avaient contribué pour une somme de 310,062 thalers (1,162,732 fr.), et le fonds de caisse se soldait par un avoir de 1,517,958 thalers (5,692,342 fr.).

A ces caisses viennent s'ajouter 81 caisses mixtes, pour compagnons des différentes professions, et pour ouvriers dans les fabriques, qui comptaient 26,365 membres, avaient reçu 45,905 thalers (172,143 fr.), par versements annuels de ses membres, 12,818 thalers (48,069 fr.), de la part des patrons et dont le capital en caisse s'élevait à 47,814 thalers (179,302 fr.).

De plus, il existait, au 31 décembre 1868, une troisième espèce de caisses de secours, au nombre de 443, pour des ouvriers appartenant à des corps de métiers, ayant 57,862 membres, qui ont payé 35,802 thalers (134,257 fr.), et dont le fonds de caisse s'élevait à la somme de 298,526 thalers (1,119,472 fr.).

Enfin, 74 caisses de secours fondées dans le but d'assister des ouvriers établis et exerçant leur métier sans dépendre d'un patron d'une fabrique ou d'un autre établissement industriel.

Ces caisses comptaient 148,541 membres, ayant versé pendant l'année 287,766 thalers (1,079,122 fr.). Le capital dont elles

6

disposaient, fin décembre 1868, était évalué à 756,005 thalers (2,835,018 fr.).

En récapitulant ces chiffres, l'on trouve que le nombre total des caisses de secours existant en Prusse au 31 décembre 1868, s'élevait à 4,909, qui comptaient 746,831 membres. Les contributions annuelles avaient atteint le chiffre total de 7,031,932 fr., et les fonds disponibles en caisse étaient représentés par la somme de 10,743,311 fr.

SAXE

Les sociétés ayant pour but d'assurer à leurs membres, au moyen de cotisations régulières, des secours en cas de maladie ou de mort existent depuis fort longtemps en Saxe. Chaque corps de métier avait une caisse de secours. Les maîtres l'administraient sous le contrôle des compagnons ouvriers qui l'exerçaient par des délégués.

Les propriétaires de fabriques ou de manufactures, voulant imiter l'exemple donné par les compagnons de corps de métier, fon-

dèrent des caisses régies d'après le même
mode dans le but de venir en aide à leurs
ouvriers. Chaque établissement où le nombre des ouvriers le permettait eut sa caisse
spéciale; tandis que les fabriques moins
importantes se réunirent pour établir une
caisse commune. Généralement le propriétaire de la fabrique faisait la première mise
de fonds et participait en outre à la cotisation annuelle. Le plus souvent la gestion de
la caisse était confiée au maître de l'établissement; le contrôle était exercé, comme
dans les corps de métiers, par des ouvriers
délégués à cet effet par leurs camarades. Il
y avait aussi des caisses fondées et administrées par les ouvriers eux-mêmes.

Quant au gouvernement il n'intervenait
jamais, en quoi que ce fût, ni dans la création ni dans l'administration de ces caisses
de secours. Seulement quand des contestations survenaient entre les parties intéres-

sées, celles-ci pouvaient avoir recours à l'intervention de l'autorité supérieure.

Tel était l'état des choses en 1861, époque à laquelle le gouvernement saxon proclama le principe de la liberté du travail. Presque tous les ouvriers industriels, à l'exception de ceux qui appartenaient à des branches d'industrie libres et disséminées dans les montagnes, faisaient déjà à cette époque partie de sociétés de secours. La législation nouvelle a respecté cet usage. Elle a conservé toutes les sociétés existantes, en introduisant dans leurs règlements des modifications en rapport avec le nouvel état de choses qu'elle créait. Ainsi elle a consacré le principe de l'administration des caisses par les ouvriers, et elle a tenu à ce que chacun d'eux fût membre d'une société de secours. Assurément les partisans exclusifs de la liberté individuelle pourront critiquer cette der-

c.

nière disposition. Mais le gouvernement saxon semble avoir bien compris le caractère apathique et insouciant de la classe ouvrière en la forçant à se garantir contre la misère pouvant résulter de la maladie et d'accidents.

En ce qui concerne la formation de nouvelles caisses de secours au profit d'ouvriers n'ayant jamais fait partie des sociétés anciennes, la législation de 1861 accorda pleine liberté. Toutefois dans le cas où l'initiative individuelle serait impossible ou insuffisante, la nouvelle loi a donné au gouvernement la faculté de procéder à la formation d'une société, soit au profit de la totalité des ouvriers d'une ville ou d'un district, soit au profit d'ouvriers appartenant à des branches d'industrie dépourvues de toute société de cette nature.

La dissolution des corporations anciennes et l'expérience faite de leurs caisses de secours ont favorisé le développement des sociétés de secours mutuels. On constate actuellement que la majorité, souvent même la totalité des ouvriers d'une même ville se sont réunis en une seule association. Le gouvernement voit avec plaisir l'organisa-tion de pareilles sociétés.

En principe, ainsi que nous l'avons dit plus haut, l'autorité n'intervient que dans le cas de désaccord entre les parties intéres-sées ou lorsque l'initiative individuelle est reconnue impuissante pour la fondation d'une société. Mais les sociétés qui désirent jouir des précieuses prérogatives que pos-sédaient les caisses de secours des ancien-nes corporations telles que le droit d'ester en justice, d'acquérir des biens, etc., tous droits qui d'après la législation saxonne ne peu-vent s'exercer qu'en vertu d'un acte émané de l'autorité, doivent soumettre leurs statuts à l'approbation du gouvernement. Cette

approbation n'est d'ailleurs jamais refusée
lorsque les statuts offrent des garanties
d'une administration régulière et d'une
bonne organisation financière. Un point
digne de remarque, c'est que le gouvernement ne donne jamais son approbation à
une société dont les statuts tendraient à
réunir à la caisse de secours pour le cas
de maladie ou de mort, une autre caisse
soit pour servir des pensions à des invalides, à des veuves ou orphelins, soit pour
donner des secours en cas de chômage. Le
gouvernement exige que les caisses destinées à servir des pensions aient une administration complétement distincte. Dans ce
cas lorsque les combinaisons financières
paraissent satisfaisantes, l'autorité consent
à les approuver.

Dans quelques villes de la Saxe il existe
pour les domestiques des deux sexes une
institution spéciale. Chaque domestique

(son maître s'en rend garant) est tenu de
déposer annuellement une petite somme
dans la caisse de l'hôpital de la ville.
Moyennant ce versement il a le droit, s'il
tombe malade, de s'y faire soigner gratuitement. C'est plutôt un abonnement avec l'hôpital qu'une société mutuelle.

L'absence de tout contrôle direct de la
part du gouvernement ne permet pas d'établir une statistique des sociétés de secours
mutuels en Saxe, ni d'indiquer le nombre
des ouvriers qui en font partie. On peut
dire cependant que bien peu d'ouvriers ne
participent pas aux bienfaits de la mutualité.
Il n'en est pas de même des ouvriers agricoles et de ceux qui n'appartiennent pas à
une branche d'industrie distincte. Non-seulement ils ne comprennent pas l'utilité des
sociétés de secours mutuels, mais encore
ils éprouvent une grande répugnance pour
ces institutions.

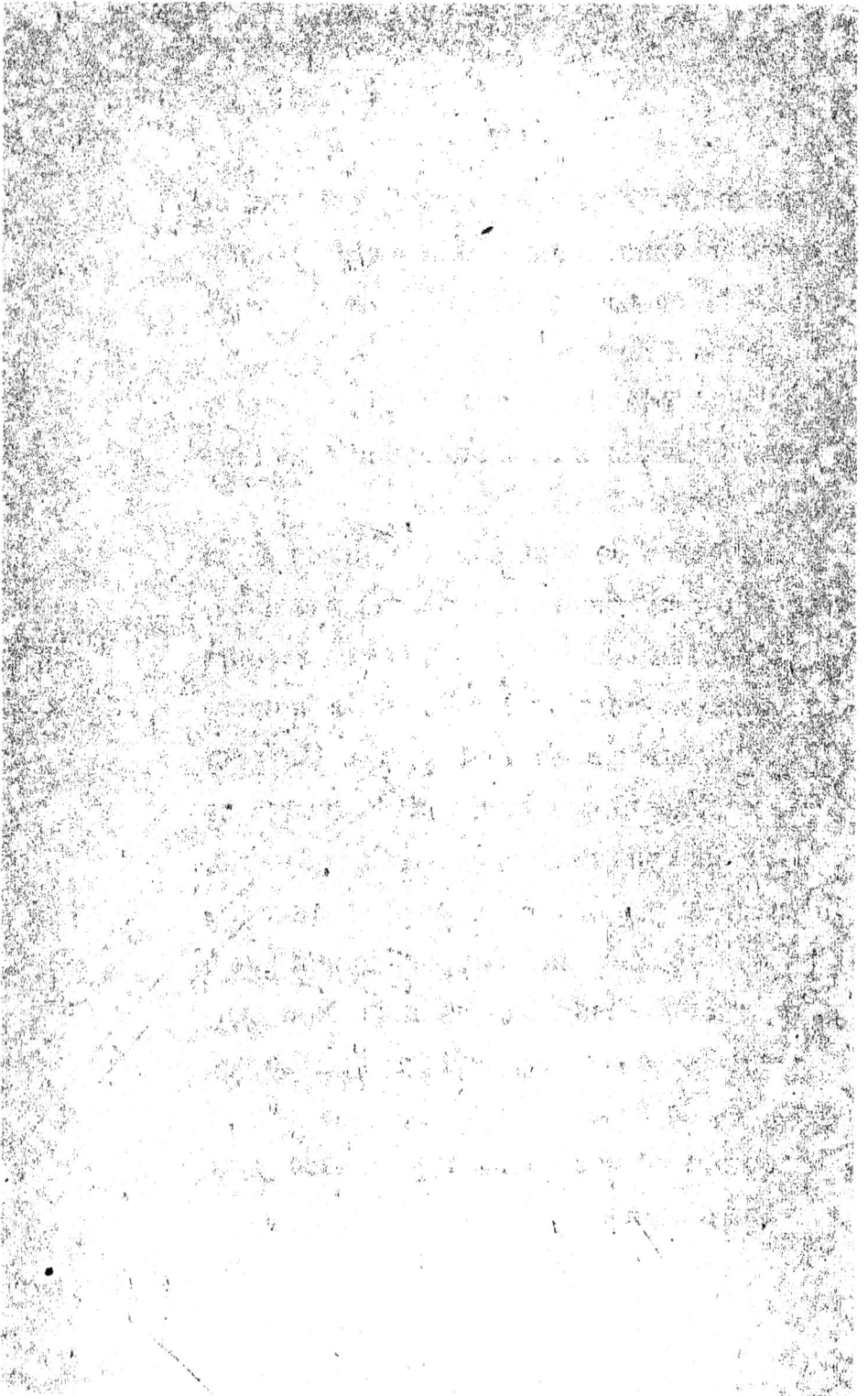

ITALIE

Les sociétés de secours mutuels en Italie jouissent du bénéfice de l'article 32 au statut national qui reconnaît à tous les citoyens le droit de libre réunion. Elles ne sont soumises à aucune disposition législative qui les oblige à en référer à l'autorité ou à demander une autorisation préalable au gouvernement pour se constituer.

Dans un rapport présenté au roi en 1864, le ministre de l'agriculture et du commerce

déclare que le rôle de l'administration supérieure se bornera à donner des conseils
aux sociétés pour les garantir contre les
erreurs, et les mettre à même d'atteindre
d'une manière plus sûre le but qu'elles se
proposent.

En Italie, les sociétés, organisées
comme dans la plupart des autres pays,
assurent à leurs membres des secours en
cas de maladie, d'infirmité ou de vieillesse.
D'après la statistique qui en a été faite, la
majorité de ces associations sont cumula-
tives, c'est-à-dire qu'elles admettent des
sociétaires de toutes professions. Dans les
grands centres où l'institution existe depuis longtemps, à Milan, par exemple, on
trouve des sociétés professionnelles dont les
membres appartiennent à une profession
spéciale. Le ministre de l'agriculture et du
commerce constate que cette forme d'asso-

ciation est préférable aux autres dans ses résultats économiques et moraux.

Nous avons dit que toutes les sociétés italiennes ont pour but fondamental le secours en cas de maladie; la variété n'existe que dans les buts secondaires. Ainsi quelques-unes se proposent :

1º De secourir les invalides et les vieillards par des pensions viagères ;

2º De donner des pensions et des secours aux orphelins et aux veuves ;

3º De procurer du travail aux associés ;

4º D'instruire les associés et leurs enfants dans des écoles du soir et du dimanche ;

5º De recevoir des dépôts de fonds pour former des capitaux ou constituer des rentes ;

6º De donner des vivres et autres objets de première nécessité à prix coûtant ;

7

7° De fournir des matières premières pour le travail ;

8° De donner des secours aux ouvriers de métier qui sont en passage.

L'absence de toute donnée scientifique pour établir les calculs d'après lesquels les secours peuvent être répartis a fait éprouver bien des mécomptes aux associations qui se sont proposé de pourvoir à la plupart des obligations mentionnées ci-dessus. Aussi le ministre du commerce pense-t-il que la direction de statistique du royaume, en déterminant chaque année le mouvement de la population, la variété de conditions, de lieux et des habitants, sera bientôt en mesure de pouvoir établir des tables de maladie et de mortalité. Ces documents fourniront aux sociétés de secours mutuels les moyens de combiner les dispositions de leurs statuts avec les chances de maladie et de mortalité. Ces associations perdront ainsi le caractère d'une loterie dans laquelle tout est laissé au hasard.

Les ressources des sociétés consistent dans les droits d'entrée, les cotisations égales pour tous les membres, mais variables selon les localités, dans les souscriptions des membres honoraires, dans des dons et legs. Quelquefois le gouvernement, les provinces et les caisses d'épargne accordent aux sociétés mutuelles des encouragements pécuniaires qui toutefois sont toujours très-restreints.

Les dépenses principales sont : le payement d'une indemnité aux malades, dont le chiffre et la durée varient suivant les cas et les sociétés ; le service médical et pharmaceutique ; celui des pompes funèbres ; les pensions d'infirmité et de vieillesse. Quelques sociétés accordent des secours à la famille du sociétaire obligé d'entrer à l'hôpital.

L'esprit patriotique de certaines sociétés de Parme et de la Romagne se révèle dans une disposition des statuts par laquelle les droits sociaux sont conservés aux associés qui seraient appelés sous les armes par la conscription ou qui, en cas de guerre nationale, serviraient comme volontaires, ou se transporteraient même hors du territoire italien pour la défense des principes libéraux.

Les sociétés sont administrées presque toutes de la même façon. Il y a un bureau composé d'un président, d'un vice-président, d'un secrétaire et d'un trésorier nommés par les sociétaires réunis en assemblée générale. Les fonctions de secrétaire et de trésorier sont quelquefois remplies par une seule personne qui reçoit un traitement. Le bureau se réunit tous les mois, mais l'assemblée générale n'est convoquée qu'une seule fois par an, Enfin, des sociétaires choisis à tour de rôle sont délégués pour visiter les malades.

Une récente enquête a constaté que la comptabilité laisse beaucoup à désirer. Chaque société, en effet, tient ses registres à sa guise ; il n'y a aucune règle à ce sujet ; les sommes destinées à venir en aide aux malades, à secourir les infirmes, les veuves et les orphelins et à pensionner les vieillards sont confondues dans la même caisse.

Avant 1843, l'Italie ne possédait que 66 sociétés de secours mutuels ; de 1848 à 1857, 168 associations ont été créées. Mais, depuis l'émancipation de la Péninsule le nombre des sociétés s'est sensiblement accru ; il s'élève actuellement à plus de cinq cents.

Le Piémont est la partie du royaume où il existe le plus de sociétés. Viennent ensuite la Lombardie, l'Emilie, les Marches et

l'Ombrie, provinces dans lesquelles l'institution de la mutualité fait des progrès inces-
sants. On ne saurait en dire autant pour les
provinces de Naples et de Sicile, où il
n'existe encore qu'un petit nombre d'associations.

Un fait digne de remarque, c'est qu'en
Toscane, dans les Marches et dans les
anciens duchés, le nombre des femmes
affiliées aux sociétés est plus considérable
que partout ailleurs. Cette cause, sans être
définie d'une manière absolue, semble pro-
venir des habitudes données par les con-
grégations religieuses qui existent dans
ces provinces et qui offrent une certaine
analogie avec les sociétés de secours
mutuels.

A côté des sociétés qui s'occupent spécialement de secourir les malades et les
vieillards, il existe en Italie des associations semblables à celles qui fonctionnent

en Belgique. Elles ont pour but de fournir à leurs membres des denrées alimentaires au prix d'achat. Celle de Turin commença ses opérations en 1854, époque à laquelle les vivres étaient à un prix très-élevé, avec un faible capital de mille francs. Grâce à l'intelligence de ses administrateurs, cette association est parvenue en dix ans à employer un million à l'achat de denrées de toutes sortes qu'elle vend à ses associés au prix de revient. Les immenses avantages qu'elle procure ainsi aux ouvriers se complètent par l'ouverture de salles de lecture où ont lieu des cours d'hygiène, d'histoire et de chimie appliquée à l'industrie.

L'exemple donné par la société de Turin n'a pas tardé à être suivi. Déjà un certain nombre d'associations se proposant le même but, se sont fondées dans différentes provinces et sont en voie de prospérité.

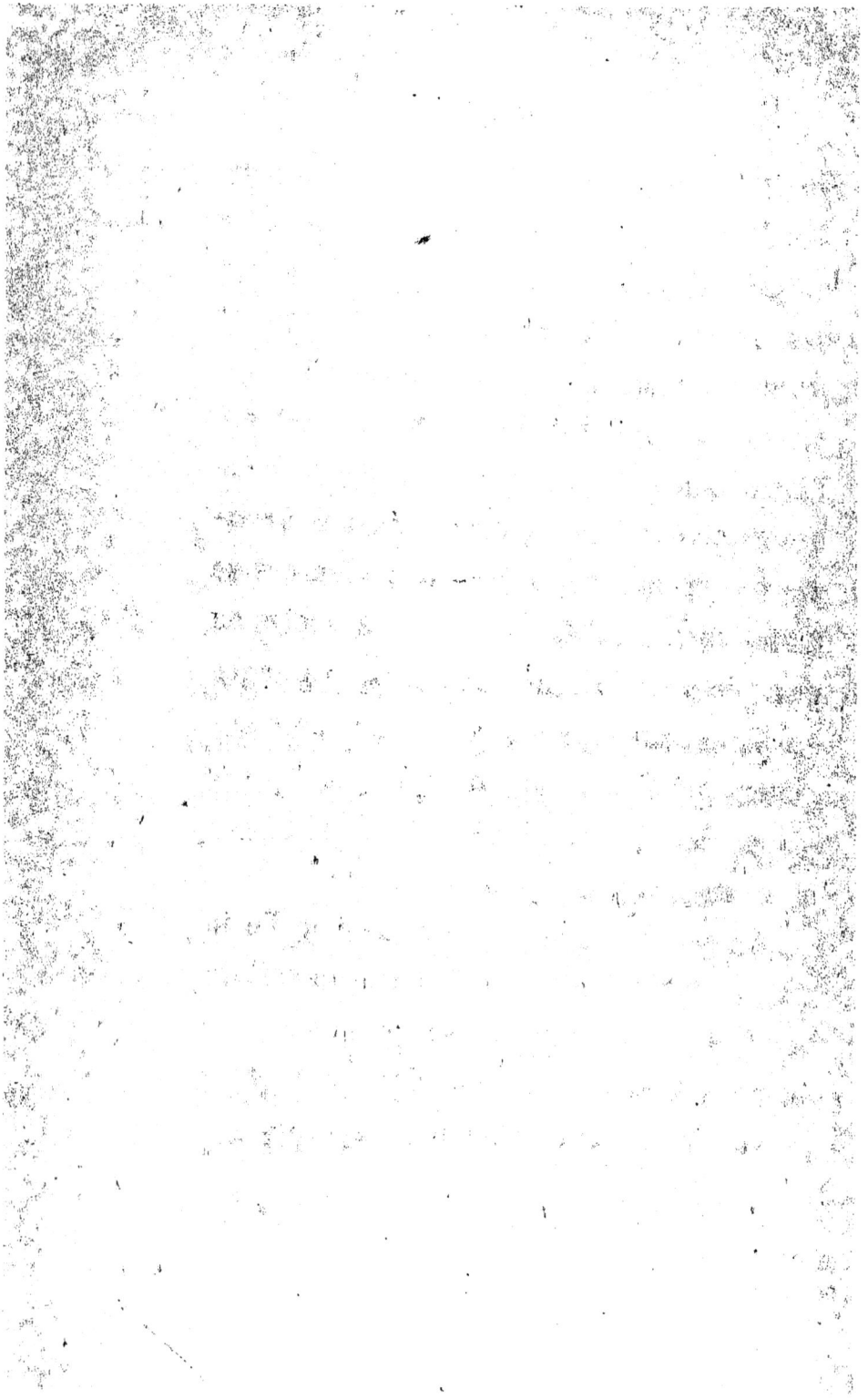

AUTRICHE

Une loi du 26 novembre 1852 exécutoire dans tout l'empire d'Autriche à l'exception des frontières militaires, a établi les règles auxquelles sont soumises les associations de cette nature.

Cette loi porte que l'autorisation du gouvernement est nécessaire à toutes les sociétés qui doivent se composer d'un nombre de membres indéterminé.

C'est le ministre de l'intérieur qui juge

7.

s'il y a lieu d'accorder l'autorisation demandée.

Les associations qui se proposent un but
d'utilité générale doivent avoir un directeur
assisté d'un conseil ou comité.

Le gouvernement se réserve le droit de
surveiller la gestion des sociétés, et de délé-
guer au besoin un commissaire spécial
chargé de constater les actes de la direction
et du comité, afin que les statuts ne soient
point transgressés.

Les associations d'utilité générale ne
peuvent se dissoudre qu'après en avoir
référé au ministre de l'intérieur.

Les dispositions qui précèdent indiquent
que l'autorisation préalable du Gouvernement est plutôt une mesure d'ordre public
qu'une marque de protection accordée aux
associations. Elles constituent toute la
législation sur les sociétés de secours mutuels.

Ces sortes d'associations sont assez nombreuses en Autriche. Les unes sont accessibles à tout le monde, d'autres n'admettent que des personnes appartenant à telle ou telle catégorie sociale. Presque toutes fournissent des secours à leurs membres quand ils sont malades et pourvoient aux dépenses de leurs obsèques.

Il existe néanmoins des sociétés qui n'ont pas d'autre but que de secourir les associés malades; il en est d'autres qui se chargent uniquement des frais funéraires.

Pour être admis dans les caisses d'assistance en cas de maladie, il faut n'avoir pas plus de cinquante et un ans; après soixante et un ans, on ne peut plus se faire admettre que dans celles qui sont spéciales aux enterrements.

En général, dans les sociétés d'assurance contre les maladies, l'associé paye un droit d'admission et une cotisation hebdoma-

daire, mensuelle ou trimestrielle. Le taux
de ces prestations varie selon les localités
et l'âge des récipiendaires.

Les secours accordés, correspondant aux
chiffres des cotisations hebdomadaires sont
de 2 à 10 florins (de 5 à 25 fr.) par semaine,
pendant les deux ou trois premiers mois de
la maladie. Ils sont réduits de moitié pendant les deux ou trois suivants. A l'expiration de ces délais, les secours cessent complétement. Rien n'indique que les frais de
médecin et de médicaments soient à la
charge de l'association.

Les sociétés qui se proposent de soigner
les malades et de pourvoir aux frais d'enterrement, laissent ordinairement aux récipiendaires la faculté d'opter pour l'une ou
pour l'autre assurance, ou de souscrire pour
les deux en même temps. Le montant des
cotisations à payer par chaque associé

varie naturellement selon la décision qu'il a prise.

Pour qu'un associé soit enterré aux frais de la société, il faut qu'il fasse partie de l'association depuis plus d'une année. La somme affectée aux frais funéraires varie entre 21 et 100 florins (52 fr. 50 à 250 fr.) Les suicidés ne sont pas enterrés aux frais de l'association.

Il existe à Vienne une société désignée sous le nom d'Austria qui étend ses opérations à tout l'empire. Elle accorde des secours aux associés malades, des pensions aux veuves des sociétaires et aux sociétaires eux-mêmes après un certain nombre d'années déterminé.

D'après le compte rendu qui nous a été fourni, cette association compte 24,693 membres dont 14,381 hommes et 10,312 femmes. Son avoir s'élève à 2,844,775 florins (7, 111, 997 fr. 50).

Dans la contrée des frontières militaires
où les associations semblent régies par des
règlements spéciaux, puisque la loi du
26 novembre 1852 n'est pas applicable à
cette partie de l'empire, il existe une
société mutuelle d'un genre tout différent
des autres. Elle a pour but de fournir aux
associés, des céréales tant pour leur nourriture que pour l'ensemencement de leurs
terres. A cet effet, plusieurs communes
agricoles ont établi des greniers publics où
l'on verse le total des récoltes et où l'associé
vient ensuite chercher sa quote-part au fur
et à mesure de ses besoins. Des administrateurs élus par les sociétaires, sont chargés de la garde et de la distribution des
céréales.

Nous regrettons de ne pouvoir donner
d'autres détails sur cette association. On
ne voit pas, en effet, par l'exposé qui précède son utilité réelle. On ne saisit pas quel

avantage peut retirer un cultivateur d'un système qui consisterait à verser dans un grenier public la totalité de sa récolte, et de venir là chercher ensuite par portion au fur et à mesure de ses besoins. Il est à présumer que l'association dont il s'agit a été fondée dans un but de prévoyance. Son but ne peut donc être réalisé qu'à la condition que chaque associé soit tenu de verser dans le grenier public, chaque année, une portion déterminée de sa récolte. En échange de ce sacrifice annuel, il pourra avoir droit, en cas d'une année de disette, à la part de grains nécessaire pour sa nourriture et l'ensemencement de son champ.

La ville de Vienne à elle seule possède d'après une récente statistique 128 caisses de secours comprenant 48,652 membres. Sur ces 128 sociétés, ils s'en trouvait 51 qui n'accordaient des secours qu'aux malades; 61 accordaient des secours aux ma-

lades et se chargeaient des frais d'enterrement.

En dehors de ces trois catégories de
sociétés, il existe des caisses spéciales
pour les veuves et les orphelins, ainsi que
pour les sociétaires devenus infirmes.

Cet aperçu, en ce qui concerne la ville de
Vienne, semble indiquer qu'en Autriche la
mutualité est appréciée par les populations.

BAVIÈRE

L'article 193 du Code pénal de la police bavaroise, promulgué le 10 septembre 1861, porte : « Sera puni d'une amende ne « pouvant dépasser 100 florins (225 fr. « environ), quiconque, sans permission de « l'autorité, aura fondé une compagnie « d'assurances, une caisse de rentes, de « dotations, de décès, de veuvage, d'or- « phelinat, ou tout autre établissement de « ce genre, promettant un capital ou des

« rentes, en échange d'une somme une fois
« payée, ou d'annuités déterminées. De
« plus, l'établissement ainsi fondé devra
« être fermé. Sera passible d'une amende
« de 50 florins (112 fr. 50 c.) quiconque
« recrutera des membres pour une société
« d'assurances non autorisée, ou violera
« les conditions imposées à une société
« semblable dans l'acte officiel qui en au-
« torise la création. »

Une ordonnance royale, en date du
24 juin 1862, déclare que les autorisations
nécessaires aux sociétés de secours mutuels sont délivrées par le ministre du commerce et des travaux publics.

L'autorisation préalable prescrite pour la
fondation de ces associations implique
l'examen et l'approbation des statuts et
règlements qui les régissent.

Il s'ensuit que l'autorisation du ministre
doit être demandée pour toutes les modifi-

cations apportées aux sociétés déjà existantes.

Une fois leur fondation autorisée et leurs
statuts approuvés, les sociétés jouissent de
la plus grande liberté en ce qui concerne
leur propre gestion.

Il existe en Bavière des sociétés dont
l'action s'étend :

1° Soit au pays entier;

2° Soit à telle ou telle régence;

3° Soit à certains arrondissements ou
à certaines villes seulement.

Au nombre des sociétés de la première
catégorie, il en est une dite de la Chancel-
lerie, fondée à Munich, il y a plus de trente
ans, et qui se compose de personnes occupant des emplois subalternes dans les
chancelleries et dans les nombreuses branches de l'administration. Elle se propose
de donner une pension aux associés devenus incapables de continuer leur service.

Dans le cas où un sociétaire viendrait à décéder, une pension peut être accordée à sa veuve et à ses enfants. Les ressources de l'association se composent d'un droit d'admission versé par chaque nouvel adhérent, et des cotisations annuelles. Elle est administrée par un comité directeur élu et choisi parmi les membres ; la gestion de ce comité est soumise au contrôle de délégués.

Une autre association s'est fondée également à Munich, il y a environ huit ans, entre les fonctionnaires publics, les avocats, les médecins et les littérateurs. Son but unique est de servir des pensions à ses membres. Aux termes des statuts, les chirurgiens militaires, les conducteurs de locomotives, les ouvriers des mines, les conducteurs de diligences et les agents de police ne peuvent faire partie de l'association.

Sont considérées comme membres honoraires, les personnes qui payent une fois pour toutes 25 florins (56 fr. 25 c.), ou annuellement une cotisation de 2 florins 42 kreutzers.

On peut être associé :

1° Pour soi seul ;

2° Pour soi et sa famille ;

3° Pour sa femme et ses enfants seule-ment ;

4° Uniquement pour une sœur, une tante ou une nièce.

Le récipiendaire doit produire un certifi-cat de bonne santé.

L'associé qui, pour un motif légitime, ne peut plus faire partie de la société, a droit au remboursement de la moitié de ses ver-sements.

Le chiffre des pensions varie, suivant les différentes classes établies, de 27 à 180 flo-rins (de 60 fr. à 400 fr. environ).

En 1852, les médecins bavarois ont fondé,

à Munich, une caisse de secours en faveur de leurs veuves et de leurs orphelins. Un fonds de réserve est néanmoins destiné à secourir ceux des associés qui seraient dans le besoin.

Pour que la veuve puisse obtenir une pension de 100 florins, il est nécessaire que le mari ait fait partie de la société pendant au moins quatre ans. Si le mari meurt après une seule année de sociétariat, la veuve n'a droit qu'à une pension annuelle de 50 florins.

Le gouvernement accorde à cette caisse une subvention annuelle de 2,000 florins (4,500 fr). Mais tous les médecins sont tenus d'entrer dans l'association.

Le taux du droit d'admission et de la cotisation varie suivant l'âge des associés au moment de leur entrée dans la société. Le droit d'entrée est de 34 à 303 florins, le chiffre de la cotisation annuelle est fixé de 8 à 77 florins.

Les orphelins de père reçoivent une pension de 20 florins; la pension accordée aux orphelins de père et de mère est de 30 florins.

Il existe à Wöhrd, près de Nuremberg, une caisse d'assurance contre les frais d'enterrement. Fondée en 1785, cette caisse compte aujourd'hui plus de 13,000 membres. Les cotisations se payent au fur et à mesure qu'un décès survient, à raison de 4 ou 6 kreutzers (de 15 à 25 c.) par décès.

En outre de la caisse fondée en 1823 à Nuremberg, dans le but unique d'accorder des pensions aux veuves et aux orphelins, il existe dans cette ville une autre société qui vient en aide aux malades, prête de l'argent aux associés dans le besoin, et donne des pensions aux veuves.

Les associés sont divisés en deux classes ; le montant de la cotisation et des secours varie selon la classe.

Le taux des pensions accordées aux
veuves n'est pas déterminé d'avance, car il
est subordonné aux ressources disponibles.

La caisse prête des fonds à raison d'un
intérêt de 6 p. 0/0 par an. Cet intérêt n'est
que de 5 p. 0/0 quand l'emprunteur paye
cet intérêt semaine par semaine. Elle reçoit
comme caisse d'épargne des versements
qui produisent au profit des déposants un
intérêt de 3 p. 0/0 par an.

La société est administrée par un comité
électif.

Indépendamment de ces différents genres
de caisses qui, pour la plupart, n'ont pour
but que de donner des pensions, il s'est fondé
à Munich, il y a quelques années, une association d'une organisation particulière
pour doter les servantes bien méritantes.

Les fondateurs, reconnaissant que le nombre des servantes fidèles et consciencieuses tend à diminuer de jour en jour, ont voulu, en créant cette caisse, récompenser celles qui persévèrent dans le bien, et stimuler les jeunes servantes par l'appât d'une précieuse rémunération.

Les dames ainsi que les hommes peuvent souscrire à titre de membres honoraires. Les servantes qui jouissent d'une bonne réputation sont admises comme sociétaires. Elles payent un droit d'entrée et une cotisation annuelle.

Tous les ans on accorde des dots aux sociétaires les plus méritantes. Le nombre des dots varie selon les ressources de la caisse. Chaque dot se compose, soit d'une somme de 300 florins (675 fr.) en numéraire, soit d'un ameublement et d'un assortiment de vêtements d'une valeur égale. S'il y a plusieurs prétendantes pour une seule dot à accorder, c'est le sort qui décide.

Toutes les servantes qui atteignent l'âge de cinquante-quatre ans sans s'être mariées, obtiennent une prime de 300 florins si leur conduite a été irréprochable.

A Nuremberg et à Anspach, il existe des sociétés qui, en échange d'une minime cotisation annuelle versée par les associés, leur accordent, à l'époque de leur mariage, un trousseau d'une valeur de 200 florins. Les primes affectées à l'achat du trousseau sont décernées à un nombre fixe de membres désignés chaque année par le sort. Les gagnants qui sont mineurs ne reçoivent leur trousseau que le jour de leur mariage, ou éventuellement, lorsqu'ils ont atteint leur quarantième année. Il leur est tenu compte jusqu'à cette époque des intérêts produits par la prime échue.

La Bavière possède encore d'autres asso-

ciations, qui portent le nom de caisses mortuaires. Les membres payent annuellement
une cotisation fixe afin de toucher, en cas
de décès d'un de leurs parents, une somme
suffisante pour couvrir les frais d'enterrement.

Ainsi que nous l'avons dit en commen-
çant, toutes ces différentes caisses ou sociétés s'administrent elles-mêmes en dehors
de toute ingérence de la part de l'autorité
supérieure.

Bien que le Gouvernement ne se soit
réservé que le droit de leur accorder ou de
leur refuser l'autorisation de se constituer,
il les voit avec plaisir se multiplier, il les
favorise même en accordant le droit de la
corporation, personne juridique, à celles
de ces associations qui offrent de sérieuses
garanties d'existence.

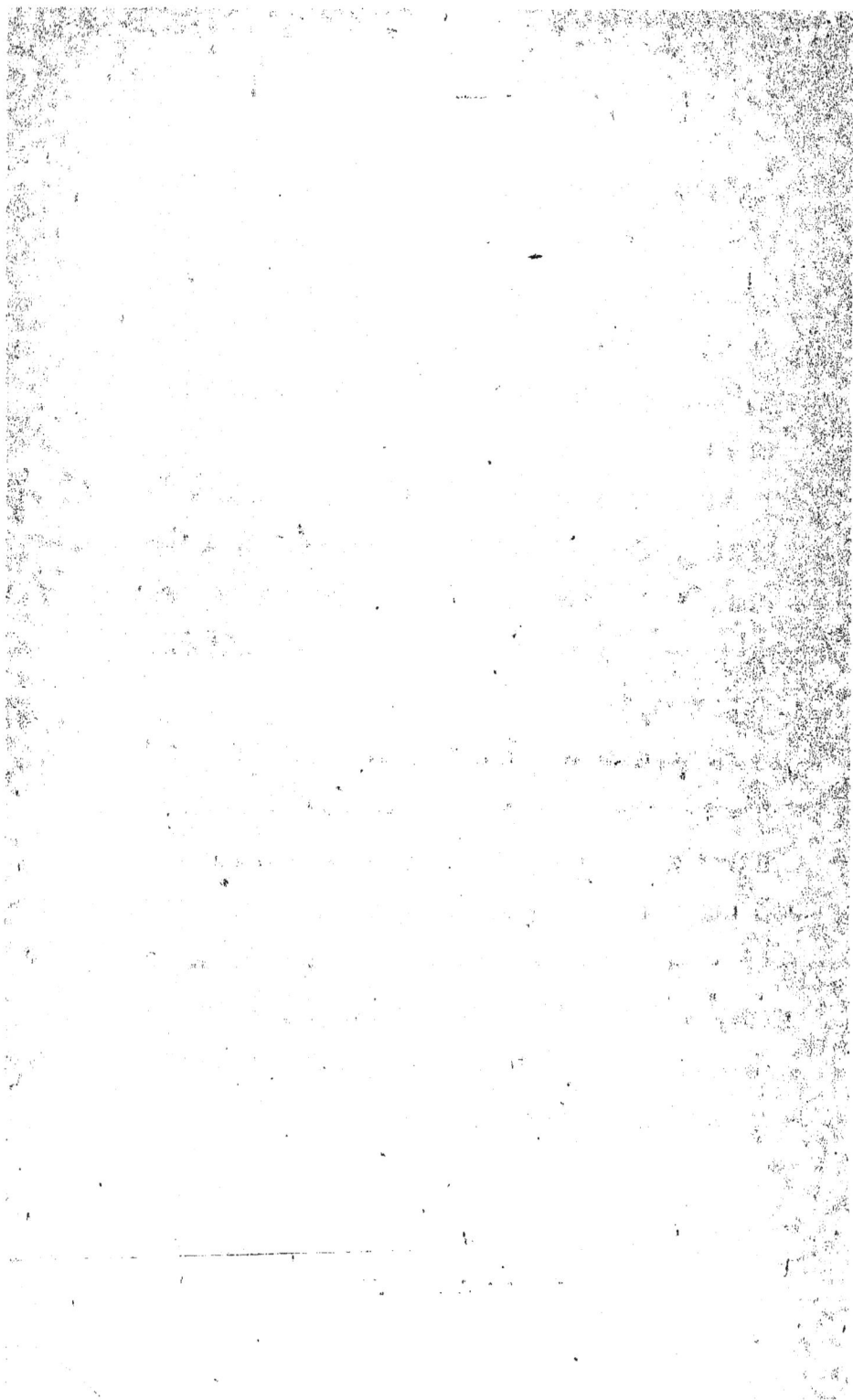

BELGIQUE

Les provinces qui forment aujourd'hui la Belgique avaient, au moyen âge, leurs confréries de gens de métiers. A cette époque, et bien plus tard encore, la condition de l'ouvrier était à peu près la même que celle du patron. Les patrons travaillaient eux-mêmes; le tarif des salaires des maîtres et des valets était réglementé. Les règlements du métier des tisserands, à Bruges, ordonnaient que de 5 deniers le maître en

8.

eût 3 et le valet 2; mais le maître fournissait le métier et le local.

La charte de Féron du ci-devant comté et pays de Namur, qui porte date du 24 octobre 1635, contient cette disposition digne de remarque : « Article 5, tous maîtres de « forges seront obligés, sous peine arbi- « traire, d'exhiber au mayeur (collecteur « d'impôts) par chacun an, la veille de « Saint-Jean-Baptiste, une liste générale « des ouvriers qu'ils auront fait travailler « l'année précédente, et payeront audit « mayeur, pour chacun d'iceux, six patards « pour droits d'assiette, dont les deux tiers « seront employés aux nécessités com- « munes desdits Férons, et l'autre au profit « du mayeur pour ses peines et devoirs à « poursuivre, et faire bons lesdits deux « tiers. »

Dans l'industrie des mines, les associés malades ou blessés touchaient pendant six semaines leurs journées et leur part dans les bénéfices. A l'expiration des six semaines, ils ne participaient plus qu'aux bénéfices. Si la blessure était grave, l'ouvrier recevait, en outre, le montant d'une demi-journée de salaire.

Le pays de Liége, comme le Brabant et les Flandres, possédait des frairies où fraternités qui se confondaient avec l'organisation des métiers.

Lorsqu'en 1789, les maîtrises et les jurandes furent abolies, les ouvriers ressentirent, comme en France, les fâcheux effets de cette mesure. Ils regrettèrent des institutions qui, tout en restreignant la liberté du travail, offraient cependant une protection aux ouvriers dans le malheur.

Les ouvriers mineurs qui, par la nature de leur travail, se trouvent les plus exposés aux accidents, furent les premiers à sentir le besoin de s'associer pour se se-

courir. Le gouvernement ne s'opposa pas à
ces associations; plus tard même, sous
son patronage, des caisses communes de
prévoyance furent établies dans les différentes subdivisions du territoire en faveur
des ouvriers mineurs. Avant la création de
ces caisses communes, des exploitations
minières avaient déjà des caisses particulières pour leurs malades et leurs blessés;
mais il n'en existait qu'un petit nombre, et
l'organisation en était défectueuse. Une disposition expresse insérée dans les statuts
des caisses communes, obligea tous les
propriétaires de mines à conserver ou à
créer dans leurs établissements respectifs
une caisse spéciale de secours pour leurs
ouvriers malades ou blessés. Les caisses
communes, au nombre de six, se chargent
de pourvoir aux besoins d'un autre ordre
résultant des accidents qui frappent l'ouvrier d'une manière permanente dans ses

moyens d'existence, ou laissent une veuve et des orphelins sans ressources.

Les ouvriers mineurs ne furent pas les seuls à apprécier les bienfaits de la mutualité. Presque toutes les professions voulurent avoir leur association spéciale, et le jury de l'exposition des produits de l'industrie, qui eut lieu en 1847, a pu constater que 56 exposants avaient établi des sociétés de secours mutuels auxquelles plus de 23,000 ouvriers participaient. De plus, 24 autres exposants ont déclaré que plus de 2,000 de leurs ouvriers faisaient partie de bourses particulières, ou étaient associés à des caisses de secours fonctionnant en dehors de leur action. Ainsi, les chapeliers, les forgerons, les serruriers, les tailleurs, les orfévres et les typographes étaient réunis dans la plupart des villes en sociétés de secours mutuels. Plusieurs villes, en 1847, telles que Saint-Nicolas-Mouscron, Namur et Bruxelles, possédaient des sociétés composées d'ouvriers de diverses professions. Enfin, il existait à Mons et à Bruxelles une caisse générale pour tous les ouvriers de la ville.

Tout en constatant que plus de la moitié des ouvriers de fabrique employés par les industriels qui ont concouru à l'exposition de 1847, sont affiliés à des caisses de prévoyance, le jury a reconnu les imperfections de la plupart des caisses organisées par les patrons. Ces imperfections résultaient des calculs défectueux et de l'inégalité dans la répartition des secours. De plus, dans beaucoup de cas, les ouvriers ne prenaient pas part à l'administration des caisses de secours.

Quant aux associations formées entre les ouvriers sans le concours des patrons, le jury de 1847 a constaté qu'en outre des imperfections signalées plus haut, elles favorisaient les coalitions contre les maîtres, et mettaient souvent ceux-ci sous la dépendance des ouvriers.

Déjà ce fait avait été signalé, en 1841, dans une enquête qui avait été faite sur la conduite des classes ouvrières. On y trouve le passage suivant qui définit le but principal pour lequel ont été établies les caisses de secours en dehors de la participation des patrons.

« Lorsqu'un fabricant refuse de faire
« droit à une demande d'augmentation de
« salaire, non-seulement les ouvriers aban-
« donnent en masse ses ateliers, mais, de
« concert avec les ouvriers des autres fa-
« briques, ils surveillent celles qu'ils ont
« mises en interdit, et empêchent que d'au-
« tres ouvriers aillent y travailler à un prix
« inférieur. Pendant tout le temps qu'ils
« restent sans travailler, temps qu'ils pas-
« sent dans les orgies, on leur paye, sur la

« caisse, une certaine somme qui les met
« à même de pourvoir à leurs besoins. »

Une pareille organisation prouve suffisamment qu'en Belgique les sociétés de
secours mutuels peuvent se former sans
aucun contrôle de l'autorité publique. Celle-
ci n'intervient que lorsque son assistance
et sa protection sont réclamées. Cependant, comme nous l'avons dit plus haut,
l'État a interposé sa médiation, dicté des
règles d'organisation, et accordé un concours direct pour certaines associations
spéciales comme celles des mineurs. De
même il a accordé sa protection aux caisses
formées entre les ouvriers des chemins de
fer de l'État, ainsi qu'à l'association des
pêcheurs d'Ostende et de Blenkersberghe.

Tels étaient, en général, la situation des
sociétés mutuelles en Belgique et leurs rapports vis-à-vis du gouvernement, lorsqu'en

1849, le ministre de l'intérieur fit un rapport au roi sur ces utiles institutions.

Le ministre reconnaissait que le gouvernement, sans exercer aucune pression, pouvait, par ses exhortations et son assistance matérielle, favoriser la propagation des sociétés de secours mutuels et en améliorer l'organisation. Dans son rapport le ministre exposait que si les sociétés parent d'une manière convenable aux besoins résultant de maladies ou d'infirmités temporaires, l'expérience avait prouvé qu'elles sont hors d'état d'assurer des secours efficaces et des pensions aux vieillards. Aussi, dans sa pensée, y avait-il lieu de séparer complétement ces deux objets. Une caisse générale de retraites fondée et patronnée par l'État, pouvait résoudre le problème des pensions. Une commission composée d'hommes compétents fut chargée d'en élaborer le projet.

9

Mais s'il était du devoir de l'État d'intervenir directement dans la constitution d'une
caisse de retraites, le ministre ne pensait
pas qu'il pût en être de même en ce qui
concerne l'organisation et l'administration
des sociétés de secours mutuels ordinaires.
Ces associations doivent naître de l'initiative privée, convenablement préparée et se-
condée. Il faut, disait-il dans son rapport,
que les ouvriers, soutenus par leur patron, se réservent, autant que possible,
l'honneur et le soin d'organiser une épargne pour les jours de maladie et d'incapa-
cité momentanée de travail. Toute liberté
doit également être laissée aux ouvriers
quant à la rédaction des conventions en ce
qui concerne les détails d'administration.
On doit aussi éviter d'introduire comme
règle le principe de l'intervention pécuniaire de l'État en faveur de ces associations. L'ouvrier doit, avant tout, compter

sur lui-même, sur son travail, et sur le fruit de sa prévoyance. Il faut que le secours dont il jouira en temps de détresse soit autant que possible, le produit de son épargne et non un emprunt à la fortune publique.

Ce fut à la suite de ce rapport qu'intervint, le 16 avril 1849, un arrêté royal aux termes duquel:

1° Il devait être tenu, pour chaque province, un registre destiné à l'inscription des sociétés de prévoyance et de secours mutuels établies dans la circonscription provinciale. Ce registre était destiné à recevoir toutes les indications relatives au but spécial de chaque société, au nombre de ses membres, aux résultats périodiques de ses opérations et de sa gestion. Une analyse de ces renseignements devait être transmise au ministre de l'intérieur.

2° Chacune de ces associations était

invitée à adresser un exemplaire de ses
statuts au ministre de l'intérieur chargé de
les examiner et de transmettre à l'administration de la société les observations auxquelles ils auraient donné lieu.

3° A la suite des expositions publiques
et dans toutes les circonstances où le gouvernement aurait à manifester sa bienveillance envers les fabricants, chefs d'industrie et autres personnes employant des
ouvriers ou artisans, il devait leur être
tenu compte de la part qu'ils auront prise
à la création et au développement des
sociétés de secours mutuels. On devait
également savoir gré dans les mêmes occa-
sions aux ouvriers ou artisans de leur participation aux caisses de prévoyance.

4° Chacun des ateliers industriels subsi-
diés par le gouvernement devait avoir une
société de secours mutuels pour les ouvriers et les apprentis admis dans l'atelier.

Les autres ouvriers et artisans de la localité étaient autorisés, le cas échéant, à se
faire admettre dans cette association.'

5° Enfin un fonds spécial de 30,000 francs
était affecté aux frais d'établissement et
d'organisation des sociétés de secours mutuels dont les statuts auraient été approuvés
par le gouvernement.

Comme on le voit, l'arrêté royal du 16
avril 1849, tout en donnant un témoignage
manifeste de la sollicitude du gouvernement
pour l'institution des sociétés de secours
mutuels, laissait à ces associations leur
liberté d'action et de mouvement. L'autorité
intervenait principalement d'une manière
tutélaire pour éclairer et encourager. Sans
accorder de secours directs, à moins de
circonstances extraordinaires, l'État pouvait contribuer à alléger les charges qui
pèsent sur les associations telles que les

frais de confection des registres, d'impres-
sion de livrets, etc.

En même temps que l'arrêté royal était
public, le ministre de l'intérieur adressait
aux gouverneurs des provinces une circulaire pour réclamer leur concours ainsi que
celui des administrations communales et
des chefs d'industrie.

Le ministre insistait pour l'organisation
de sociétés entre les ouvriers attachés aux
exploitations agricoles. Il recommandait
l'admission des femmes dans les sociétés
d'hommes. Les administrations communales étaient invitées à mettre à la disposition
des sociétés régulièrement constituées les
locaux nécessaires à leurs réunions. Enfin
des statuts modèles préparés par le ministre
de l'intérieur étaient transmis à chaque
gouverneur pour faciliter l'organisation des
sociétés.

Malgré les bienveillantes intentions du

gouvernement déjà manifestées par l'arrêté royal du 16 avril 1849, cet acte n'était pour ainsi dire que l'avant-coureur de dispositions plus importantes en faveur des sociétés de secours mutuels. Le ministre de l'intérieur l'avait d'ailleurs fait pressentir dans son rapport au roi en disant qu'il restait à prendre d'autres mesures dans l'intérêt de ces associations, mais qu'elles étaient du domaine de la loi. Ces mesures consistaient en l'exemption des droits de timbre et d'enregistrement pour les actes relatifs aux sociétés. La capacité de recevoir des donations ou legs, les priviléges à leur accorder sur leurs débiteurs, le droit des mineurs et des femmes mariées de faire valablement des actes relatifs à leur qualité d'associés.

La commission chargée d'élaborer le projet d'une caisse de retraites avait également mission de s'occuper de l'examen des dispositions qui précèdent et de la formuler en un projet, de loi qui devait être présenté à la chambre des représentants.

Après s'être entourée de tous les renseignements nécessaires, cette commission fit un rapport complet sur la matière. D'après son avis la loi ne doit protéger et doter de priviléges spéciaux que les sociétés régulièrement organisées, se proposant un but légitime, possédant des ressources proportionnées aux charges éventuelles et prenant l'engagement de gérer avec économie les fonds qui leur sont remis ainsi que d'en rendre compte. Les sociétés dont les statuts auront été trouvés réguliers et approuvés par l'autorité seront mises en possession d'avantages que la loi civile n'accorde pas aux associations ordinaires.

Le projet préparé par la commission fut adopté par la chambre des représentants et converti en loi le 3 avril 1851 par la sanction du roi.

Aux termes de cette loi, peuvent être reconnues par le gouvernement les sociétés de secours mutuels dont le but est d'assurer des secours temporaires soit à leurs membres, en cas de maladies, de blessures ou d'infirmités, soit aux veuves ou aux familles des associés décédés; de pourvoir aux frais funéraires; de faciliter aux associés l'accumulation de leurs épargnes pour l'achat d'objets usuels, de denrées ou pour d'autres nécessités temporaires. En aucun cas, la loi ne leur permet des rentes viagières.

Les sociétés reconnues jouissent des avantages suivants ;

1° Ester en justice à la diligence de leur administration. Toutefois lorsque l'affaire excède la compétence du juge de paix, les sociétés doivent être autorisées par la dépu-

9.

tation permanente du conseil provincial, sauf recours au roi, én cas de refus d'autori- sation. Elles peuvent obtenir l'exemption des frais de procédure.

2° Exemption des droits de timbre et d'enregistrement pour tous les actes passés au nom des sociétés ou en leur faveur.

3° Faculté de recevoir des donations ou legs d'objets mobiliers. Si la donation ou le legs n'excède pas une valeur de 3000 francs, l'autorisation d'accepter est donnée par la députation permanente du conseil provin- cial. L'autorisation du roi est nécessaire lorsque la donation ou le legs excède la valeur de 3000 francs.

L'âge ordinaire de l'admission dans les sociétés reconnues est fixé à dix-huit ans, toutefois les personnes âgées de quinze ans peuvent se faire admettre avec le con- sentement par écrit de leur père ou tuteur. De même la femme mariée peut, avec l'autorisation de son mari, faire partie d'une société reconnue. En cas de refus du mari, le juge de paix autorise la femme s'il y a lieu,

Aux termes de l'article 6 de la loi, des arrêtés royaux doivent déterminer les conditions et garanties requises pour l'approbation des statuts des sociétés; les conditions auxquelles les sociétés sont admises à plaider gratis; les causes qui peuvent entraîner la révocation de l'acte d'approbation; les formes et les conditions de la dissolution et le mode de liquidation. Dans tous les cas, les fonds disponibles d'une société dissoute doivent être attribués aux sociétés de même nature ou à défaut de sociétés, au bureau de bienfaisance, toutefois, quand l'actif a été attribué au bureau de bienfaisance, le gouvernement peut imposer la condition du retour de cet actif aux sociétés qui s'établiraient dans la commune ou qui seraient reconnues dans un délai de cinq ans.

Toute contravention aux arrêtés royaux pris en exécution de l'article 6 de la loi est punie des peines édictées par l'article 1er de la loi du 5 mars 1848. Ces peines consistent en une amende de 10 à 100 florins et d'un emprisonnement d'un à quatorze jours.

Le bourgmestre ou un membre du conseil municipal délégué à cet effet peut assister aux réunions des sociétés de secours mutuels reconnues.

Chaque année, les sociétés doivent dans les deux premiers mois, adresser à l'autorité de la localité où elles ont leur siége, un compte rendu de leurs recettes et de leurs dépenses pendant l'exercice écoulé.

Le 12 mai 1851 un arrêté royal institua une commission permanente qui fut chargée de l'approbation de la loi du 3 avril

précédent, et de préparer les règlements
organiques prévus par l'article 6. En confor-
mité du § 2 de cet article, un arrêté royal en
date du 5 octobre 1852 assimile les sociétés
reconnues aux institutions de bienfaisance
pour l'obtention de la faveur de plaider
sans frais * .

Dès qu'elle fut instituée, la commission
permanente présenta au ministre de l'intérieur un rapport dans lequel elle exposait
la marche et les principes qu'elle comptait
suivre pour remplir la mission que lui
avait confiée le gouvernement.

Dans ce rapport la commission établit les
bases sur lesquelles les sociétés de secours

* Les autres arrêtés royaux qui devaient être pris en vertu
de l'article 6 de la loi du 3 avril 1851, n'ont pas été élaborés
jusqu'à présent, mais les obligations imposées aux sociétés
qui obtiennent la reconnaissance légale aux termes de cette
loi, sont déterminées dans l'arrêté d'approbation des statuts.
Cet arrêté est formulé de la même manière pour toutes les
sociétés.

mutuels doivent être organisées pour être reconnues par le gouvernement.

Appréciant la supériorité des sociétés composées d'hommes de même profession, la commission pense qu'il ne faudrait empêcher ces sortes d'associations que si l'on remarquait des tendances à des coalitions coupables en dehors du but de l'association. La création d'une société comprenant les ouvriers de toutes les professions d'une ville populeuse lui paraît ne pas devoir être encouragée, parce que l'administration d'une association trop vaste n'offrirait pas des garanties suffisantes d'une bonne gestion. La commission, tout en recommandant le patronage des membres honoraires insiste sur ce point essentiel que les sociétés doivent compter sur elles-mêmes et que dans aucun cas, l'État ne doit leur venir en aide si par suite de faux calculs ou de mauvaise gestion, ces sociétés ne parvenaient pas à satisfaire à leurs engagements. Enfin, la commission appelle l'attention des sociétés sur la nécessité de limiter la durée des secours aux malades, et de n'accorder aux veuves et aux orphelins que des secours consistant en une somme déterminée.

Avant de faire connaître les progrès que le nouvel état de choses a fait faire à l'institution des sociétés de secours mutuels en Belgique, nous croyons devoir appeler l'attention sur un genre d'associations dont la loi du 3 avril 1851 a eu l'intention de favoriser également la propagation.

Au nombre des associations qui peuvent être reconnues par le gouvernement, l'article 1 de la loi comprend celles qui ont pour but de « faciliter aux associés l'accu-« mulation de leurs épargnes pour l'achat « d'objets usuels et de denrées. »

Ces associations connues sous le nom de *Sociétés d'Epargnes pour l'achat de provisions d'hiver* ont pris naissance en Allemagne et ont obtenu les résultats les plus satisfaisants.

Le *Moniteur belge* avait déjà publié en 1847 une notice sur la première société de ce genre fondée à Berlin vers 1844, lorsque le ministre de l'intérieur a, par une circulaire du 2 juillet 1848, invité les gouverneurs des provinces à signaler aux administrations communales l'utilité de ces associations, et en a expliqué le mécanisme qui d'ailleurs est fort simple.

Le but que les sociétés pour l'achat de provisions doivent se proposer est d'abord de réunir, durant la bonne saison, les épargnes des associés, afin de faire les achats en temps utile, ensuite de répartir entre les associés au prorata de leurs versements, durant la saison d'hiver, les denrées dont ils ont besoin en les leur livrant au

plus bas prix, c'est-à-dire au prix coûtant
y compris les frais.

La circulaire ministérielle était accompagnée d'un modèle de statuts applicables
aux sociétés de ce genre, et pour témoigner
de l'intérêt que le gouvernement attachait à
la création de ces associations, le ministre
faisait connaître aux gouverneurs que des
encouragements seraient accordés à celles
qui seraient fondées dans un délai déterminé.

De nombreux essais ont été tentés. Ces
sociétés se sont constituées le plus souvent sous le patronage de l'autorité communale. Quelquefois aussi des sociétés de
secours mutuels ordinaires ont fondé une
section spéciale pour l'achat de provisions
d'hiver. Dans ce dernier cas la comptabilité
des deux sections de l'association est complétement distincte. C'est une prudente
disposition, car si en apparence, rien n'est

aussi facile que de créer ces associations
d'achat de provisions, il est essentiel non-
seulement de prendre des précautions pour
la conservation et le placement des fonds,
mais encore de savoir bien faire les achats,
de n'acheter que des denrées de bonne
qualité et de les préserver de toute dété-
rioration. Il peut survenir une baisse de
prix après les achats, de même les denrées
peuvent se corrompre ou s'avarier. Dans
ce cas, loin d'avoir procuré un avantage à
ses membres, l'association peut leur avoir
occasionné une grande perte. Il est donc
indispensable de séparer complétement la
comptabilité des fonds destinés à l'achat de
provisions, de celle des fonds affectés au
service des malades et des infirmes, afin
de ne pas compromettre l'existence de la
société de secours mutuels proprement
dite.

La première condition de succès pour

une association spéciale à l'achat de provisions est, par conséquent, d'avoir pour
administrateurs des hommes qui, par leur
intelligence et leurs connaissances commerciales, puissent inspirer de la confiance.

C'est par ces différentes considérations
que la commission supérieure en France
n'a pas permis que les sociétés de secours
mutuels approuvées s'adjoignissent des
sociétés de consommation. Elle a autorisé
les membres à organiser entre eux une
association de cette nature, mais à titre de
simples particuliers, afin de laisser la
société de secours complétement étrangère
à des opérations toutes différentes du but
prescrit par le décret-loi de 1852.

Quelques sociétés d'achat de provisions
en Belgique, n'ont pas d'autres ressources
que les versements des membres effectifs.
D'autres reçoivent les dons et souscriptions
de membres honoraires, mais ces souscrip-

tions ne servent pas à grossir le capital
destiné à l'achat de denrées de manière à en
permettre la livraison au-dessous du prix
coûtant. Elles contribuent à faciliter aux
sociétés les moyens de s'établir, en payant
les frais généraux et d'administration.
D'ailleurs un tout autre emploi des souscriptions des membres honoraires serait de
nature à vicier l'institution, en habituant les
classes ouvrières à compter sur un genre
de ressources qui ne peut jamais être qu'a-
léatoire.

L'association fondée à Berlin en 1844 et
qui a servi de modèle à l'organisation des
sociétés belges, n'avait pas de membres
honoraires. L'article 1er de son règlement
était ainsi conçu : — « Les membres
« doivent se proposer comme but commun
« de faire des épargnes sur leur gain jour-
« nalier pour les verser chaque semaine
« dans une caisse générale et pour acheter

« en gros ce qui doit assurer leur existence
« pendant l'hiver, principalement du pain,
« des combustibles et des pommes de terre.
« Une partie de ces fonds peut aussi être
« employée en payement de loyer, ou déga-
« gements des objets remis en gages aux
« prêteurs, enfin à d'autres mesures dont
« l'utilité serait reconnue. »

Le but de l'association était donc nette-
ment défini. Le comité d'administration ne
refusait pas les dons des personnes bienveillantes, mais il les faisait servir à décerner des primes d'encouragement aux familles peu aisées dont on avait remarqué la
conduite exemplaire et les habitudes d'économie.

Maintenant, si l'on examine les progrès
qu'a fait la mutualité en Belgique, l'on
remarque que, dans le courant de l'année
qui suivit la promulgation de la loi du
3 avril 1851, vingt-cinq sociétés demandè-

rent à être reconnues par le gouvernement,
mais neuf seulement purent obtenir ce privilége. Les statuts des autres sociétés ne
présentaient pas des garanties suffisantes
d'existence, ou contenaient des dispositions
contraires à la loi. Sur les neuf sociétés
reconnues trois ont divisé leurs statuts en
deux sections, l'une pour des secours en
cas de maladie ou d'infirmités, l'autre pour
l'achat de provisions.

Bien que le nombre des sociétés de
secours mutuels se soit accru chaque
année dans des proportions satisfaisantes,
celles qui sollicitèrent la reconnaissance
sont restées en petit nombre. La commission permanente s'étonnait même, dans son
rapport sur les opérations des sociétés en
1851, qu'en présence des avantages offerts
par la loi du 3 avril 1851, si peu de sociétés
se fussent empressées de 'se faire reconnaître. Elle pensait que peut-être ces avan-

tages n'étaient pas suffisants pour que les sociétés vinssent d'elles-mêmes réclamer le patronage de l'autorité. Aussi, la commission était d'avis d'imiter ce qui se fait en France en aidant par des subventions les sociétés à pourvoir à leurs frais d'installation et en leur fournissant gratuitement un local pour leurs réunions. Le même rapport constatait également que bien peu de sociétés faisaient des versements à la caisse des retraites créée en 1850. La commission avait proposé d'autoriser les sociétés reconnues à constituer par elles-mêmes un fonds de retraites à la caisse des dépôts et consignations, ainsi que cela a lieu en France. Nous ne pensons pas que le gouvernement ait encore réalisé le désir exprimé par la commission permanente.

D'un autre côté, les sociétés non reconnues n'envoyaient pas chaque année le compte rendu de leurs opérations. En effet, sur deux cent onze sociétés qui existaient en 1855, quarante seulement avaient transmis leurs états de situation. En l'absence de toute disposition législative à cet égard, la commission ne pouvait qu'exprimer le vœu que ces comptes rendus fussent transmis officieusement.

En présence d'un tel état de choses, la commission permanente devait chercher tous les moyens d'engager les sociétés à se faire reconnaître et de se procurer régulièrement les états de situation des sociétés non reconnues. Elle appela alors l'attention du ministre de l'intérieur sur un système d'encouragement dont elle espérait de bons résultats. « Indépendamment, dit-elle, des
« récompenses honorifiques à décerner cha-
« que année aux administrateurs des socié-
« tés qui se sont distinguées par une bonne
« gestion, l'on pourrait instituer une prime
« en faveur de la société qui, par son orga-

« nisation, ses progrès et les résultats
« obtenus, se serait fait remarquer entre
« toutes. Ce serait un concours où le gou-
« vernement convierait toutes les associa-
« tions de prévoyance du pays. »

Le moyen proposé par la commission fut
agréé par le gouvernement. Un arrêté royal
en date du 9 avril 1862, établit des concours
triennaux.

Aux termes de cet arrêté, les sociétés
qui veulent prendre part au concours
doivent faire connaître leur intention au
ministre de l'intérieur en lui transmettant
une copie de leurs statuts. Elles sont
tenues de communiquer régulièrement à
l'administration communale les comptes de
recettes et de dépenses pour chacune des
années de la période triennale du concours
auquel elles désirent participer.

Les sociétés reconnues et non reconnues
sont appelées à concourir pour l'obtention

10

des primes en argent dont la valeur est fixée par arrêté royal selon les propositions de la commission permanente.

Le premier concours devait comprendre les années 1861, 1862 et 1863.

Comme on le voit, l'arrêté du 9 avril 1862 appelle indistinctement les sociétés reconnues et non reconnues à prendre part aux concours triennaux. Le gouvernement espérait ainsi rallier toutes les associations dans un même but, les amener par la comparaison de leurs procédés et de leurs actes à se rapprocher toutes de plus en plus du meilleur mode d'organisation et d'administration.

En outre des primes en argent qui sont accordées aux sociétés les mieux administrées, le gouvernement décerne des récompenses honorifiques aux membres des sociétés qui se sont le plus distingués par leur zèle et leur dévouement. Ces récompenses consistent dans l'octroi de la décoration spéciale instituée par les arrêtés royaux du 7 novembre 1847 et du 8 mars 1848, en faveur des ouvriers industriels et agricoles.

Il y a deux classes de décorations, l'une en argent et l'autre en or, portées l'une et l'autre à une chaînette de même métal. D'après les deux arrêtés précités, la décoration en argent doit toujours être accordée comme première récompense ; mais par une dérogation spéciale à cette règle, un arrêté royal du 6 octobre 1868, a disposé que la décoration de 1re classe en or peut être accordée d'emblée aux personnes qui ont rendu des services éminents aux institutions de mutualité.

Ces différentes mesures ont produit les bons effets que le gouvernement belge était en droit d'en attendre.

En effet, le nombre des sociétés qui de-

mandèrent à être reconnues s'est accru
sensiblement, et les sociétés non reconnues
furent plus disposées à fournir le compte
rendu de leurs opérations.

Il résulte du dernier rapport de la commission permanente que le nombre des sociétés de secours mutuels reconnues était,
au 31 décembre 1867, de 79 comprenant
1,777 membres honoraires et 11,269 membres participants, dont 213 femmes seulement. Leur avoir s'élevait à 314,663 fr. 22 c.

A la même époque, le nombre des sociétés non reconnues qui avaient fourni
leurs états, était de 75, composées de 877
membres honoraires et de 21,045 membres
participants, dont 2,268 femmes.

Trois sociétés pour l'achat de provisions
d'hiver avaient obtenu la reconnaissance,
huit sociétés du même genre, non reconnues, avaient fourni le compte rendu de
leurs opérations. Sans être dans une situa-

tion bien prospère, ces associations réalisent, néanmoins, de véritables bienfaits pour la classe ouvrière. La plus importante de toutes est celle qui fonctionne à Anvers depuis 1851; elle a dépensé au delà de 600,000 francs en distributions de denrées, depuis son établissement.

Déjà deux concours triennaux ont eu lieu, et la commission permanente a été heureuse de constater que l'appel du gouvernement a été entendu.

En y comprenant 2 sociétés d'épargnes pour l'achat de provisions d'hiver, 80 institutions de mutualité s'étaient fait inscrire pour prendre part au deuxième concours, comprenant les années 1865, 1866 et 1867. 76 sociétés seulement furent admises à concourir; 38 sociétés reconnues et 38 sociétés non reconnues. 20 associations furent jugées dignes de recevoir une récompense, consistant en primes variant de 600 à

10.

200 francs; 10 associations furent l'objet d'une mention honorable.

Nous ne terminerons pas ce résumé de la législation et de l'organisation des sociétés de secours mutuels en Belgique, sans constater que si la loi relative à ces associations a devancé celle qui a été promulguée, le 26 mars 1852, en France, les principales mesures favorables au développement de la mutualité, semblent avoir été inspirées par le régime français.

ESPAGNE

Pour fonder une société de secours mutuels en Espagne, il faut en solliciter l'autorisation du gouvernement, par l'intermédiaire des gouverneurs de provinces. Telle
était du moins l'obligation imposée avant
la Révolution de 1868, par un ordre royal,
en date du 26 novembre 1859.

Le même ordre royal prescrivait aux
gouverneurs de provinces, avant de donner
suite aux demandes tendant à constituer

une société de secours mutuels, de faire une
sérieuse enquête sur l'opportunité de cette
création, et de consulter à ce sujet les commissions provinciales et municipales de
bienfaisance.

En transmettant au ministère le résultat
de leurs enquêtes, les gouverneurs ne devaient omettre aucune considération qui
pût faire apprécier si les personnes qui
désiraient fonder une société de secours
mutuels offraient toutes les garanties indispensables, pour sa bonne administration et
pour atteindre le but qu'elles se propo-
saient.

Un autre ordre royal, du 10 juin 1861,
insistait pour que les instructions prescrites
par l'ordre du 26 novembre 1859 fussent
suivies avec le plus grand soin. L'ordre
royal de 1861 voulait qu'on s'occupât des
affaires relatives aux sociétés mutuelles de
préférence à d'autres de moindre intérêt,

afin que les ouvriers qui voulaient s'associer dans le but de se secourir mutuellement, éprouvassent le moins de retard
possible dans la satisfaction de leur légitime
désir.

Toute la législation espagnole sur les sociétés de secours mutuels était résumée
dans les deux ordres royaux de 1859 et de
1861. Par suite de la liberté d'association
proclamée par la récente Révolution, il y a
lieu de croire que la création des sociétés
n'est plus soumise à l'enquête préalable
prescrite par les deux ordres royaux précités.

Quant à l'organisation même des sociétés
de secours mutuels, elle est indiquée tout
entière dans des instructions transmises,
en 1861, aux alcades, par les gouverneurs
de provinces.

D'après ces instructions, les statuts doivent être rédigés sur les bases suivantes :

Les sociétés sont locales, sans que les ouvriers d'une localité puissent s'incorporer avec ceux d'autres localités, à moins que le nombre des associés d'une classe industrielle ne puisse pas arriver à 500, auquel cas il leur est permis de se réunir à ceux des localités les plus rapprochées.

Les sociétés sont obligatoirement composées d'ouvriers d'une seule des classes entre lesquelles sont ordinairement répartis les ouvriers des établissements industriels ; pour que la réunion de diverses classes soit permise, ou que tous les ouvriers qui travaillent dans un même établissement puissent former une société spéciale, il faut préalablement en obtenir l'autorisation de l'autorité supérieure, laquelle l'accordera, si de puissantes raisons en font ressortir la convenance et l'utilité.

Aucune société ne peut être composée de plus de 1,000 membres, et dans le cas où le nombre de ceux qui veulent en faire partie est plus considérable, on forme une deuxième société.

L'entrée dans la société est libre et volontaire de la part des ouvriers, sans qu'on puisse exercer la moindre coercition à cet égard. Toute pression est sévèrement punie.

La direction et l'administration des sociétés sont confiées à un inspecteur et à un contrôleur qui ont, pour le service subalterne, un ou plusieurs piétons. Les uns et les autres sont nommés en assemblée générale de sociétaires. La rétribution accordée à chacun d'eux est fixée par l'assemblée. Les fonctions d'inspecteur et de contrôleur sont limitées à une année. Ils sont rééligibles.

La cotisation que doit payer chaque associé est fixée par l'assemblée générale sans qu'elle puisse jamais excéder 4 réaux

(20 cent.) par semaine. Dans le cas où le chiffre de la cotisation est augmenté, il y a lieu d'en demander l'autorisation à l'autorité supérieure.

Au commencement de chaque année, l'assemblée générale fixe le taux de l'indemnité à accorder aux malades, ou aux blessés pendant le travail. Des secours peuvent être accordés pour le manque de travail. L'autorité se réserve de résoudre tous les doutes qui peuvent se produire au sujet de la question de savoir si le manque de travail donne droit à la jouissance du secours accordé par la société ; de même elle peut s'enquérir de la situation vraie du sociétaire qui réclame les secours.

Toute société est tenue d'avoir un registre de comptes. Ce registre est paraphé par le gouverneur de la province dans le chef-lieu, et par les alcades dans les autres

localités. La société qui n'a pas de registre
de comptes est sévèrement punie. Ces registres peuvent être inspectés par l'autorité,
toutes les fois qu'elle le juge convenable.

Toutes les sommes destinées à faire face
aux obligations de la société sont encais-
sées par les piétons nommés en assemblée
générale. Toute perception faite différem-
ment est reconnue comme frauduleuse, et
ceux qui l'ont effectuée peuvent être pour-
suivis criminellement.

Les sociétés qui fonctionnent dans la capitale d'une province sont tenues de verser
leurs excédants de recette à la caisse d'é-
pargne de la capitale. Dans les autres villes
de la province, les fonds des sociétés sont
déposés dans la caisse des municipalités.

Pour se réunir en assemblée générale,
les sociétés sont tenues d'en demander l'autorisation à l'alcade de la localité. L'alcade

peut présider aux réunions, ou désigner un délégué pour le remplacer.

Toutes les délibérations prises par les sociétés sont transmises au gouverneur de la province, par l'intermédiaire de l'autorité locale.

Enfin, il est interdit à plusieurs sociétés de se réunir; de même les directeurs ne peuvent tenir des assemblées, ni s'entendre au sujet d'aucune affaire concernant les ouvriers.

Telles sont dans leur ensemble les règles dont les organisateurs semblent, d'après les instructions ministérielles de 1861, ne pouvoir pas s'écarter pour établir les statuts d'une société de secours mutuels.

Mais il est probable que le nouvel état de choses proclamé en Espagne a dû apporter des modifications à ces instructions, en ce qu'elles peuvent avoir de contraire à la li-

berté d'association reconnue par le gouvernement provisoire.

Aucune statistique des sociétés de secours
mutuels espagnoles n'ayant été faite, il ne
nous est pas possible de faire connaître
leur nombre et leur importance.

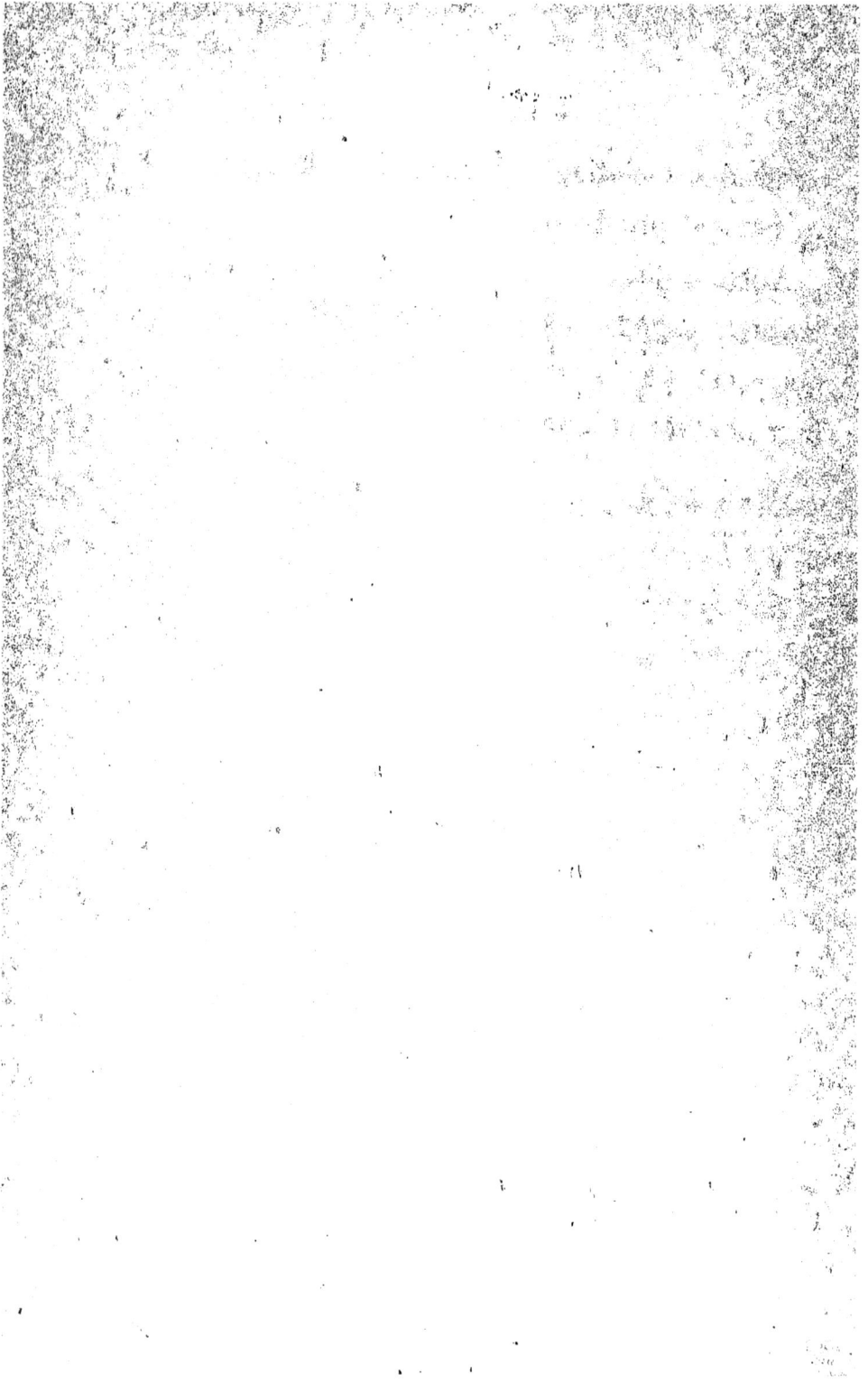

HOLLANDE

Le *Bulletin des lois* du royaume de
Hollande renferme une ordonnance en date
du 16 juillet 1830, aux termes de laquelle
l'autorisation royale est nécessaire pour
établir des assurances sur la vie, des ton-
tines, des caisses de secours pour veuves
et orphelins, ou toutes autres institutions
de ce genre, à quelque titre que ce soit.

Les statuts de ces caisses doivent être
soumis à l'approbation du roi et du ministre

de l'intérieur. Une fois approuvés, ces statuts ne peuvent plus être modifiés sans une
autorisation spéciale. Des peines sont édictées contre les personnes qui auraient introduit des modifications sans y être autorisées.

L'ordonnance du 2 mai 1833 qui déter-
mine les obligations imposées aux compa-
gnies d'assurances sur la vie, déclare
qu'elle n'est applicable ni aux caisses de
secours pour frais d'enterrement, ni aux
caisses de secours pour sociétaires malades. Toutefois, cette ordonnance rappelle
les prescriptions de celle du 16 juillet 1850,
relativement à l'organisation de ces deux
sortes de caisses de secours.

Il résulte donc du rapprochement des
termes des deux ordonnances précitées que
lorsque les statuts ont été régulièrement
approuvés, les caisses de secours en Hollande ne sont soumises à aucun contrôle de

la part du gouvernement. Elles adressent
néanmoins pour la plupart à l'autorité
supérieure des renseignements périodiques
sur leurs opérations. Ces renseignements
sont insérés dans le rapport présenté
périodiquement aux chambres sur l'administration de l'assistance publique.

Nous empruntons au rapport publié en
1848 quelques détails sur la nature, le
fonctionnement et la situation des caisses
de sociétés de secours mutuels.

Il existait à cette époque dans le royaume
302 caisses tant de secours pour les
malades, que de frais mortuaires à payer
pour les sociétaires.

Les cotisations sont hebdomadaires,
mensuelles ou trimestrielles. Les frais d'enterrement sont acquittés soit par la caisse
elle-même, soit par la famille du défunt à laquelle on alloue une somme déterminée par

les statuts. Sous ce rapport les statuts
varient d'une caisse à l'autre.

Le fonctionnement des caisses de secours
était assez régulier; cependant quelques-
unes avaient donné lieu à des remarques
fâcheuses. Ainsi dans certaines sociétés, à
la fin de chaque année les excédants de
recettes étaient partagés entre les associés.
Dans d'autres le chiffre de la cotisation
était tellement élevé que beaucoup de personnes se trouvaient dans l'impossibilité de
se faire admettre comme sociétaires. Les
administrateurs, dit le rapport, ont vaine-
ment tenté de remédier à ce grave inconvénient en provoquant la réduction du taux
de la cotisation; les sociétaires s'y sont
toujours opposés.

Les 302 caisses comprenaient 182,243
sociétaires. Les frais de maladie s'étaient
élevés à 45,076 francs, ceux des enterrements à 306,454 francs.

Cet aperçu suffit pour démontrer que les associations mutuelles en Hollande ont pour but principal de pourvoir aux frais funéraires.

Dans une période de 13 années, de 1843 à 1861, époque à laquelle a été publié le dernier compte rendu de la situation des caisses de secours, le nombre de ces caisses ne s'est augmenté que de 42. Mais la progression a été bien plus sensible en ce qui concerne l'accroissement du nombre des associés, car les 344 sociétés se composaient de 382,648 membres participants. Pendant la même période les recettes s'étaient élevées à la somme de 1,317,724 francs, et les dépenses avaient atteint le chiffre de 1,125,733 francs. L'excédant des recettes sur les dépenses s'était donc élevé à 191,991 francs, soit un boni par société d'environ 558 francs.

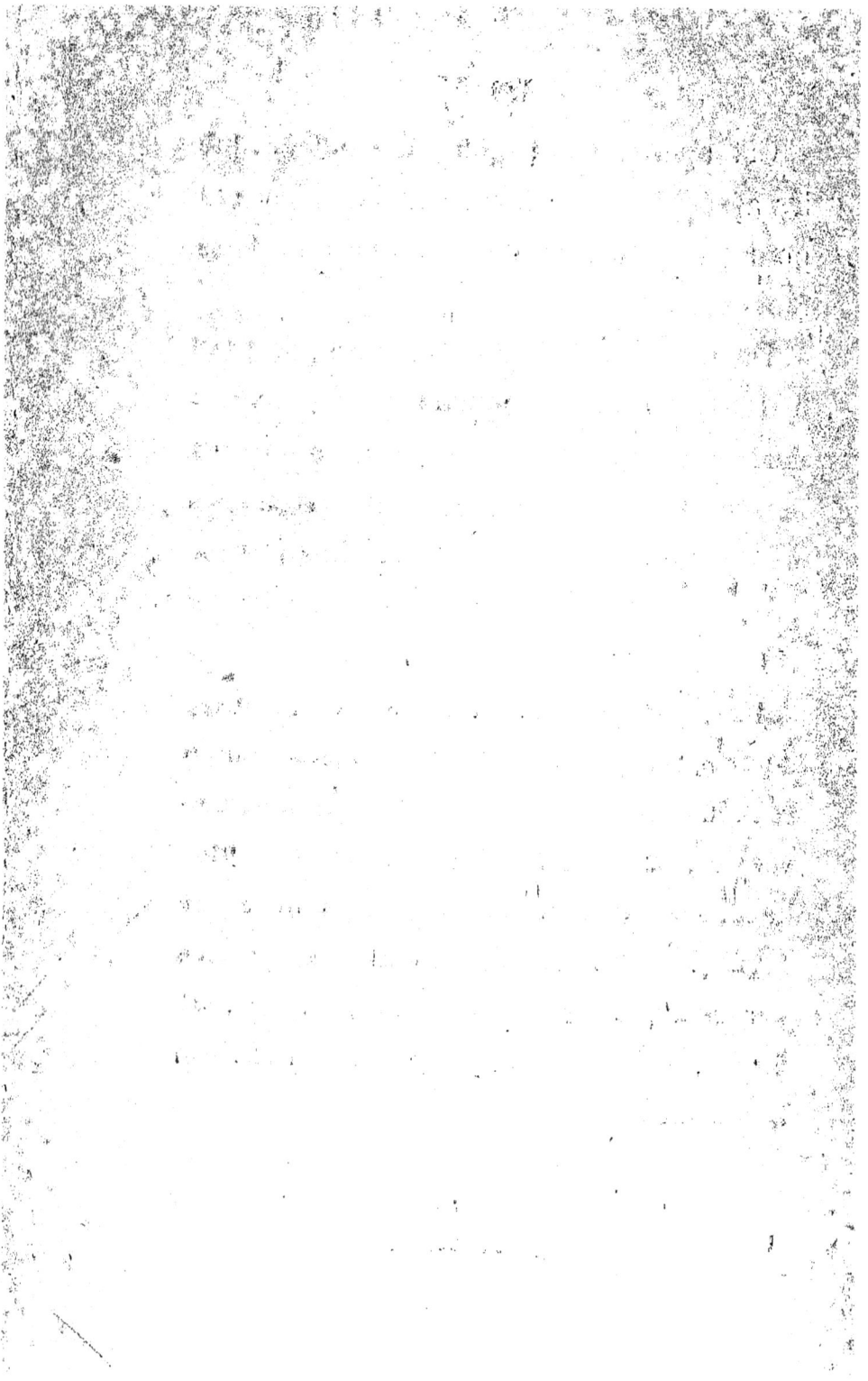

ANGLETERRE

A l'époque de la domination saxonne, bien avant la conquête par Guillaume le Bâtard, on trouve en Angleterre la trace d'associations entre pauvres, en vue des maux de la vie et des profanations de la mort, sous le nom de *Saxon-Guilds*. Ces sortes d'associations avaient de l'analogie avec ce que l'on appelait les « réunions funéraires, » chez les Romains. Mais l'origine des *Friendly societies* (sociétés

d'amis) dans la Grande-Bretagne remonte-
rait, selon M. Tidd-Pratt, archiviste de ce
pays, à Daniel Foë, l'auteur de *Robinson
Crusoé*, qui, dans un ouvrage intitulé
Essayens projets, a jeté les bases de ces
sociétés telles que nous les connaissons et
qui de nos jours se sont multipliées avec
une merveilleuse fécondité.

Néanmoins l'honneur d'avoir fondé les
premières associations mutuelles en Angleterre semble appartenir aux Français
protestants forcés de s'expatrier en 1685
à la suite de la révocation de l'édit de
Nantes.

L'exemple donné par les réfugiés français trouva quelques imitateurs, mais ils
furent peu nombreux, car la déplorable
situation dans laquelle se trouvait au commencement du dix-huitième siècle la classe
ouvrière en Angleterre n'était pas de nature
à favoriser le développement de l'institution

de la mutualité. Ce ne fut que lorsque différents actes du parlement eurent amélioré le sort des ouvriers, que ceux-ci comprirent tout le bien qu'ils pouvaient retirer de l'association.

D'un autre côté, les bienfaits résultant de la mutualité ne tardèrent pas à attirer l'attention du parlement. En 1793, sous le règne de George III, le parlement reconnut à tous les sujets du royaume britannique le droit d'organiser des sociétés dans le but de s'assister mutuellement. Tout en reconnaissant qu'aucune loi ne privait les citoyens de s'associer pour se secourir, l'acte du parlement accordait certains priviléges aux sociétés qui voulaient se soumettre aux conditions qu'il jugeait utiles à leur prospérité. Mais chaque société était libre de conserver son indépendance complète en renonçant aux avantages offerts. Ainsi à une époque où tout était bouleversé dans la plupart des États de l'Europe, l'Angleterre faisait contraste en organisant et en réglementant.

Ce premier acte du parlement contribua au développement des sociétés d'amis, mais peu à peu de nombreux abus se glissèrent dans leur administration et l'organisation financière finit par laisser tant à désirer que le parlement dut intervenir.

Un acte de 1819 stipula les conditions auxquelles les statuts des sociétés pouvaient à l'avenir être approuvés. Bien que cet acte ait été depuis abrogé, nous pensons qu'il ne sera pas sans intérêt d'en faire connaître les dispositions pour témoigner de la faveur dont les sociétés *d'amis* jouissaient déjà à cette époque auprès du gouvernement.

L'acte de 1819 prescrivait aux juges chargés par l'acte de 1793 d'examiner les statuts :

1° De ne point autoriser l'établissement d'une nouvelle société dans un district peu considérable où il en existerait une autre tendant au même but et organisée sur les mêmes bases;

2° De ne point autoriser les sociétés dont les règlements, quant à la partie financière, n'auraient pas été approuvés par deux personnes, au moins, connues comme mathématiciens de profession;

3° D'exiger que toute société eût au moins trois administrateurs dont deux devaient toujours être de riches propriétaires ;

4° De veiller à ce que la dissolution d'une société ne fût prononcée jusqu'à ce que deux *actuaries* (mathématiciens) eussent décidé que cette dissolution était avantageuse à tous les membres de la société;

5° De faire toujours insérer dans le règlement le lieu où devaient se tenir les réunions, afin de pouvoir refuser l'autorisation à toute société qui voudrait se réunir dans un cabaret.

Cette dernière disposition, qui malheureusement n'a pas toujours été observée, avait pour but d'écarter un grand danger pour les sociétés, qui avaient l'habitude de tenir leurs assemblées générales dans des cabarets, où la plus grande partie des fonds se dépensait en consommations.

L'acte de 1819 eut donc pour résultat d'améliorer le régime intérieur des sociétés et d'assurer l'avenir de celles qui s'établirent après sa promulgation.

Cependant cet acte fut critiqué comme donnant aux ouvriers le moyen de se coaliser. On alla même jusqu'à proposer dans la chambre des communes la suppression des sociétés corporatives.

Cette proposition fut rejetée, mais en 1825 une commission fut nommée pour examiner ce que l'acte de 1819 pouvait avoir de défectueux. Elle déclara que la disposition qui exigeait pour chaque société la protection de riches propriétaires avait pour conséquence d'empêcher la création de sociétés dans les districts pauvres. D'un autre côté, il avait été reconnu que les mathématiciens chargés d'examiner les statuts, n'avaient pas toujours les capacités suffisantes pour apprécier la bonne organisation financière. La commission proposa pour remédier à cet inconvénient, de faire examiner les règlements par un *actuary* spécial de la dette nationale.

Une nouvelle commission nommée en 1827 fut chargée de compléter les renseignements déjà recueillis sur les questions relatives aux associations. Mais tant d'études de la part du gouvernement firent craindre aux sociétés qu'il n'intervînt trop directement dans leurs affaires. Celles-ci nommèrent des délégués qui eurent des conférences avec plusieurs membres de la chambre des communes.

Tous ces pourparlers aboutirent à la promulgation en 1829 d'un acte du parlement qui annulait les anciennes lois sur les sociétés d'amis.

Aux termes du nouvel acte, les statuts devaient être soumis à l'examen d'un avocat, puis confirmés par les juges de session et visés par le secrétaire de la justice de paix. L'accomplissement de ces formalités donnait à l'association une existence légale. Mais pour obtenir cette reconnaissance officielle, les statuts devaient contenir certaines dispositions d'après lesquelles les sociétés étaient tenues d'envoyer périodiquement au ministre de l'intérieur le compte rendu de leurs opérations, et de verser leurs fonds à la banque d'Angleterre.

Plus tard, en 1846, les fonctions attribuées

aux avocats furent confiées à un fonctionnaire appelé registrar (enregistreur). Sa
mission était, comme son nom l'indique
d'enregistrer les sociétés. Il était chargé en
outre de juger les différends qui pouvaient
surgir entre les membres et les administrateurs des sociétés. Ce fonctionnaire recevait
un traitement fixe.

Plusieurs autres actes peu importants
ont encore été promulgués, mais ils furent
abrogés ainsi que ceux qui les avaient pré-
cédés par l'acte du 23 juillet 1855 qui, avec
les actes complémentaires du 2 août 1858
et 6 août 1860, constitue la législation
actuelle des sociétés de secours mutuels en
Angleterre.

D'après l'acte constitutif du 25 juillet
1855, il y a trois registrars ou archivistes,
un pour l'Angleterre proprement dite, un
pour l'Écosse et un troisième pour l'Irlande.
Ils sont respectivement choisis par les

commissaires royaux préposés à la réduction de la dette nationale, entre les avocats plaidants et légistes du Royaume-Uni
justifiant d'au moins sept années de stage
ou d'exercice.

L'archiviste de l'Angleterre reçoit un
traitement de 20,000 francs, ceux de l'E-
cosse et de l'Irlande ne reçoivent qu'un
traitement de 5,750 francs. Toutefois il
peut leur être alloué des indemnités pour
frais de bureau et de statistiques à établir.

Il est permis à toutes personnes, quel que
soit leur nombre, de former une société de
secours mutuels dans le but de recueillir,
au moyen de souscriptions volontaires de
ses membres, des fonds destinés à l'un des
objets suivants :

1° Garantir le paiement d'une somme
d'argent à la naissance d'un enfant d'un de
ses membres, ou à la mort d'un sociétaire

lui-même ; pourvoir aux frais funéraires de la femme ou de l'enfant d'un associé ;

2° Subvenir aux besoins des sociétaires dans la misère, donner des secours aux maris, femmes, enfants, frères ou sœurs, neveux ou nièces, en cas de maladie, de veuvage et de vieillesse, doter à quelque âge que ce soit les personnes désignées d'avance ;

3° Employer les fonds à toute œuvre de bienfaisance autorisée en Angleterre par l'un des principaux secrétaires d'État, ou en Écosse par le Lord-avocat.

Les pensions viagères ne peuvent excéder 750 francs par an et les sommes d'argent, payables en cas de mort ou de toute autre éventualité, sont limitées à 5,000 francs au maximum.

Lorsque les statuts ont été ratifiés par l'archiviste, la société est considérée comme légalement établie à partir de la date de la ratification.

Dans toute société où une somme d'argent doit être payée à la mort d'un enfant âgé de moins de dix ans, il est interdit d'en payer le montant sans que la personne qui réclame ne produise un certificat signé d'un médecin spécial et constatant la mort probable de cet enfant. Dans le cas où il y aurait négligence ou fraude à cet égard, les administrateurs et parents qui s'en rendraient complaisamment et sciemment complices seraient passibles d'une amende de 125 francs prononcée par le juge de paix du comté ou du bourg où l'enfant serait décédé.

Dans le cas où à défaut de dispositions spéciales insérées dans les statuts, les 5/8 au moins des membres d'une société jugeraient à propos de s'adresser à l'archiviste pour lui exposer par écrit et avec les motifs

à l'appui que les fonds sociaux sont insuf-
fisants pour faire face aux obligations con-
tractées par la société, l'archiviste a le
droit de procéder à une enquête à ce sujet.
Si à la suite de l'enquête, il est démontré
qu'il est de l'intérêt de toutes les parties
intéressées de faire une liquidation, l'archiviste rend une sentence à cet effet, en indi-
quant de quelle façon les fonds devront être
répartis. Toutefois les administrateurs doivent être prévenus par un avis adressé par
la poste au moins vingt jours avant l'enquête.

La sentence de l'archiviste est définitive
et sans appel. Dans chacun de ses rapports
annuels au parlement, il doit exposer les
particularités de toutes les sentences qu'il
pourra avoir rendues dans le courant de
l'année.

Les personnes âgées de moins de 21 ans
peuvent être membres d'une société de

secours mutuels; mais tant qu'elles n'ont pas atteint l'âge de 21 ans, elles ne peuvent pas occuper l'emploi de directeur, administrateur ou trésorier de l'association.

Les administrateurs peuvent, avec le consentement de la majorité des membres réunis en assemblée générale, acheter, bâtir, louer, hypothéquer, vendre, échanger tous immeubles répondant, dans les limites des règlements convenus, au but et aux intérêts de la masse des sociétaires.

Les administrateurs sont nommés en assemblée générale, à la majorité des membres présents. Le procès-verbal de l'élection est transmis à l'archiviste.

Les administrateurs sont chargés de la gestion des fonds et sont responsables des déficits qui pourraient se produire dans la caisse sociale.

Le trésorier de chaque société doit avant son entrée en fonctions fournir une caution qui garantisse la fidélité de sa gestion. Il est tenu de rendre compte de toutes les sommes d'argent reçues et payées par lui, dès qu'il en est requis.

Dans le cas où un administrateur ayant en sa possession des valeurs appartenant à une société viendrait à mourir, à tomber en faillite ou en état d'insolvabilité, il sera prélevé sur ce qui pourrait lui rester de biens de quoi faire face à toutes les légitimes réclamations de la société, par privilége et de préférence à toutes autres de ses dettes personnelles.

Tout détournement, tout abus de confiance commis par un administrateur est poursuivi d'urgence devant le juge de paix du comté ou du bourg où est situé le siége de la société.

Avant de former aucune société de secours mutuels, les futurs sociétaires doivent formuler et arrêter un règlement pour l'ad-

ministration et la direction de la société pro-
jetée. Ce règlement doit contenir :

1° Le nom de la société et le lieu de ses
réunions ;

2° L'ensemble des objets pour lesquels
la société est établie ; la destination à donner à ses fonds ; les conditions auxquelles
chacun de ses membres peut avoir droit
aux avantages prévus, les amendes et les
déchéances à encourir ;

3° La manière de modifier, d'amender et
d'annuler le règlement ;

4° Une disposition relative à la nomination et à la révocation du comité général de
direction, d'un ou plusieurs administrateurs,
du trésorier et des autres fonctionnaires ;

5° Une disposition relative au placement des fonds ainsi qu'à l'apurement des
comptes ;

6° La façon dont seront réglées les contestations qui pourraient s'élever entre la

société et ses membres, ou toute autre personne agissant au nom de l'un d'eux.

Les règlements des sociétés doivent disposer que chaque nature d'assurances aura
un compte séparé et soumis à un contrôle
spécial. Ils doivent également fixer le chiffre
de la somme destinée à faire face aux frais
nécessaires à l'administration.

Toutes les fois qu'une société change de
siége, avis de ce changement est transmis
dans la quinzaine au plus tard à l'archiviste
par deux administrateurs.

Toute copie de règlement produite comme
signée par l'archiviste sera reçue en justice
et ailleurs comme authentique, en l'absence
de toute preuve du contraire et sans qu'il
soit besoin de justifier de la signature ap-
posée sur l'original.

Quand, à la mort d'un membre d'une société, une somme d'argent n'excédant pas
1,250 fr. deviendra payable, cette somme

sera payée par les administrateurs à la personne désignée par le règlement ou nommée
par le décédé dans un écrit déposé au secré-
tariat de la société. Cette personne ne peut
être autre que le mari, la femme, le père,
la mère, l'enfant, le frère ou la sœur, le
neveu ou la nièce du sociétaire. Dans le cas
où le sociétaire serait mort sans avoir dési-
gné quelqu'un, ou bien si la personne désignée était morte avant le sociétaire lui-
même, la somme à payer serait remise à la
personne qui paraîtra aux administrateurs
avoir les droits les plus légitimes, sans qu'il
soit besoin de plus amples formalités.

Les fonds sociaux sont placés soit à la
Caisse d'épargne, soit en rentes sur l'État
ou en toute autre valeur n'offrant aucune
chance aléatoire. Les commissaires préposés à la réduction de la dette nationale
doivent être informés de ces sortes de placements.

Toutes les fois qu'une société de secours mutuels retire de l'argent placé par elle entre les mains des commissaires préposés à la réduction de la dette nationale, cette société ne peut plus faire de nouveaux dépôts sans leur consentement spécial.

En cas de banqueroute, d'insolvabilité ou de démence des administrateurs des sociétés, l'archiviste s'entendra avec les chefs des établissements publics où les fonds auront été déposés, et, d'accord avec eux, prendra toutes les mesures propres à sauvegarder les intérêts des sociétaires.

Tous les actes relatifs aux sociétés de secours mutuels sont exempts des droits de timbre, pourvu qu'il ne s'agisse pas de sommes excédant 5,000 francs.

Dans le cas où une personne deviendrait membre de deux ou de plusieurs sociétés, il lui est interdit, sous peine de poursuites judiciaires, de s'assurer pour plus de

5,000 francs, ou de se faire constituer une pension viagère supérieure à 750 francs par an.

Toutes les contestations qui pourraient surgir entre les membres d'une société ou leurs ayants droit et les administrateurs, seront jugées de la manière indiquée par le règlement. La décision rendue liera toutes les parties en cause sans qu'il soit possible d'en interjeter appel.

Dans les cas où rien n'aurait été prévu à cet égard dans le règlement, c'est le tribunal du comté où siége la société qui serait compétent pour connaître de ces contestations. Le jugement ou arrêt ainsi rendu sera exécutoire dans la forme ordinaire.

Cette dernière disposition a profondément modifié l'acte de 1846, qui donnait à l'archiviste le droit absolu de statuer sur les contestations.

Chaque année, les administrateurs des

sociétés sont tenus d'envoyer à l'archiviste
un exposé général de la situation financière.
Toute infraction à cette disposition est punie
d'une amende de 25 francs, à recouvrer à
la requête de l'archiviste, dans la forme spéciale aux diverses circonscriptions juri-
diques de la Grande-Bretagne.

Telles sont les règles générales auxquelles sont soumises les sociétés d'après
les actes du parlement des 25 juillet 1855,
2 août 1858 et 6 août 1860, actuellement en
vigueur.

Si l'on examine maintenant l'organisation
financière des sociétés, l'on remarque que
la cotisation mensuelle varie suivant la profession des associés. Ceux-ci sont divisés
en quatre classes :

La première classe comprend les personnes sans profession, leur cotisation
varie entre 1 fr. 18 et 1 fr. 25 par mois ;

La deuxième classe comprend des per-

sonnes qui exercent des professions peu
dangereuses ; elles payent de 1 fr. 05 à 1 fr.
08 c. ;

La troisième classe se compose des ouvriers occupés à des travaux fatigants ou
dangereux ; la cotisation est fixée entre
1 fr. 35 et 1 fr. 38 ;

Quant à la quatrième classe, elle se sub-
divise elle-même en quatre sous-classes qui
comprennent : 1° les marins, 2° les peintres,
3° les employés des chemins de fer, et
4° les ouvriers des mines. La cotisation
varie entre 1 fr. 30 et 1 fr. 85 ; ce dernier
chiffre est applicable surtout aux ouvriers
des mines.

Les limites d'âge pour l'admission sont
fixées en général de 16 à 40 ans.

Les sociétés offrent à leurs membres des
avantages qui peuvent se diviser ainsi qu'il
suit, et pour chacun desquels, aux termes

des instructions générales, les sociétés
doivent avoir une caisse spéciale :

1° Les soins du médecin et la fourniture
des médicaments ;

2° Un secours en cas de maladie dont le
chiffre ne peut être supérieur à 25 francs
par semaine ;

3° Le payement au décès de l'associé
d'une somme qui ne peut jamais excéder
5,000 francs ;

4° Une pension viagère dont le chiffre est
fixé au maximum à 750 francs.

La même personne peut souscrire pour
un ou plusieurs avantages, mais la sous-
cription ou secours en cas de maladie
entraîne nécessairement l'obligation de
souscrire pour les soins du médecin et la
fourniture des médicaments.

Dans un de ses derniers rapports, M. Tidd-
Pratt, archiviste général, émet l'avis que
les membres des sociétés devraient limi-

ter leur ambition à trois points, savoir :
s'assurer en cas de maladie le traitement
médical et une indemnité hebdomadaire ;
en cas de mort, d'honorables funérailles
pour eux et pour les leurs ; enfin assurer
une certaine somme à leur décès, payable
à leurs héritiers.

Bien qu'il existe des sociétés de secours
mutuels dans toute l'étendue du Royaume-
Uni, l'Angleterre proprement dite et le pays
de Galles en comptent le plus grand nombre.
Il serait impossible d'en indiquer le chiffre
exact, car la loi qui prescrit l'enregistrement n'ayant pas eu d'effet rétroactif, les
sociétés créées antérieurement à sa promulgation sont restées libres de ne point soumettre leurs statuts à l'examen de l'archiviste et de lui adresser périodiquement le
compte rendu de leurs opérations.

Cependant M. Tidd-Pratt évalue à 22,500
environ le nombre des associations exis-

tantes, composées de 2,500,000 membres et
possédant un avoir de près de 10,000,000
sterlings, soit 250 millions de francs.

L'esprit d'indépendance a fait reculer
beaucoup d'associations devant la nécessité
de se placer sous le contrôle du gouvernement ; ainsi c'est à peine si l'on en compte
6,000 qui se soient soumises à l'enregistrement officiel.

Chaque année, l'archiviste général est
obligé de constater qu'un très-grand nombre
de sociétés ne lui transmettent pas le
compte rendu de leurs opérations financières. Dans un de ses derniers rapports,
M. Tidd-Pratt dit que sur 22,500 sociétés
qu'il a invitées à fournir leurs états de situation, 10,000 à peu près seulement ont
répondu à sa demande. Il pense que celles
qui n'ont pas transmis leurs comptes laissent à désirer sous le rapport de l'organisation financière et de l'administration inté-

rieure. Un très-grand nombre de sociétés
ont, en effet, contracté l'habitude déplorable de tenir leurs assemblées générales
dans les cabarets (*public houses*); M.Tidd-
Pratt signale les funestes effets de cette habitude. Le maître de la maison est quelquefois
en même temps le trésorier de l'association, et les statuts ordonnent qu'une
certaine somme devra être annuellement
dépensée chez lui en consommations. Aussi
l'honorable archiviste pense-t-il qu'il y
aurait non-seulement un grand avantage
pécuniaire à cesser de tenir les réunions
dans les cabarets, mais encore qu'il en
résulterait un bien moral beaucoup plus
appréciable. Selon lui, les plus déplorables
habitudes se répandent fréquemment parmi
de braves ouvriers qui deviennent membres
de sociétés établies par des personnes intéressées à leur fondation, dans le but unique
d'avantager tel cabaret privilégié. Il arrive

même tous les jours, lorsqu'un individu
cherche à louer ou à vendre un de ces établissements qu'il mentionne, en vue de rehausser la valeur de la propriété, que deux
ou trois sociétés ou clubs y tiennent leurs
réunions. Cette habitude invétérée de se
réunir dans les cabarets est, aux yeux de
M. Tidd-Pratt, un des grands obstacles à
ce que les sociétés de secours mutuels
soient établies sur des bases solides. Il cite
à l'appui de son opinion que, lors d'une
récente enquête sur les *Friendly societies*
dans le Herefordhire, il a été constaté qu'en
ce seul district 136 sociétés s'étaient régulièrement constituées depuis 1793 ; sur ce
nombre, 123 tenaient leurs réunions dans
les cabarets et 13 se réunissaient dans des
écoles ou des maisons particulières. Sur les
123, 42 en furent réduites à se dissoudre,
c'est-à-dire 1 sur 3, tandis que sur les 13
qui se réunissaient dans des maisons par-

ticulières, l'on n'a eu à constater qu'un seul cas de dissolution.

Une autre cause de ruine pour les sociétés anglaises, est leur mauvaise administration financière. Dans son rapport officiel pour l'année 1861, l'archiviste, M. Tidd-Pratt, cite le passage d'un ouvrage publié sous le titre de *Popular investments*, par le révérend J. Owen. L'auteur y rend compte d'une étude qu'il a faite sur la situation de 110 sociétés. Il établit que sur ces 110 sociétés, une seulement se trouve dans de bonnes conditions et n'a pas de chances d'être dissoute. Parmi les autres, il en est 86 qui dépensent en moyenne par année en boissons une somme de 981 liv. sterling (24,525 fr.), et en frais d'administration une somme de 2,500 livres (62,500 fr.). Cinq sociétés tiennent leurs réunions dans un cabaret dont le propriétaire remplit les fonctions de trésorier et a déjà ruiné plusieurs associations.

Les frais d'administration signalés par le révérend J. Owen sont encore loin d'approcher de la dépense faite pour le même objet dans certaines associations. Ainsi nous trouvons dans la brochure publiée par M. Charles de Franqueville sur les sociétés de secours mutuels en Angleterre que la *Royal lirer friendly society* de Liverpool a prélevé sur les recettes de l'année 1861, qui se sont élevées à 680,975 francs, une somme de 353,700 fr. pour frais d'administration et de perception. La *Friend inneed lise assurance and sick fund friendy society de Londres* a perçu 804,250 francs et a dépensé une somme de 213,225 fr. en frais de gestion.

Ces deux exemples, auxquels il pourrait facilement en être ajouté d'autres, suffisent pour faire connaître les charges énormes

qui pèsent en général sur les sociétés anglaises, dont la plupart des administrateurs
retirent d'assez beaux bénéfices. Il est peut-
être vrai de dire que ces frais d'administration sont en grande partie nécessités et
occasionnés par le nombreux personnel
dont se composent ces associations. Il en
est quelques-unes dont le nombre des associés atteint un chiffre considérable. Une
seule société, connue sous le nom de l'Union
des *Odd Fellows* de Manchester, comprend
plus de 20,000 membres ; l'ordre des fores-
tiers compte plus de 200,000 associés, celui
des Druides a 20,000 membres, enfin l'ordre
des Pasteurs en compte 15,000. Aussi on
ne rencontre pas dans les sociétés anglaises
cet esprit de fraternité qui distingue les sociétés des autres pays. Ces associations ont
été comparées à juste titre à de vastes
caisses où chacun va chercher l'intérêt de
ce qu'il a apporté, suivant un calcul exact

de ses bénéfices et de ses sacrifices, sans souci de ses co-associés qu'il ne connaît pas, qu'il ne verra jamais et qui ne sont pour lui que des intéressés dans une même spéculation.

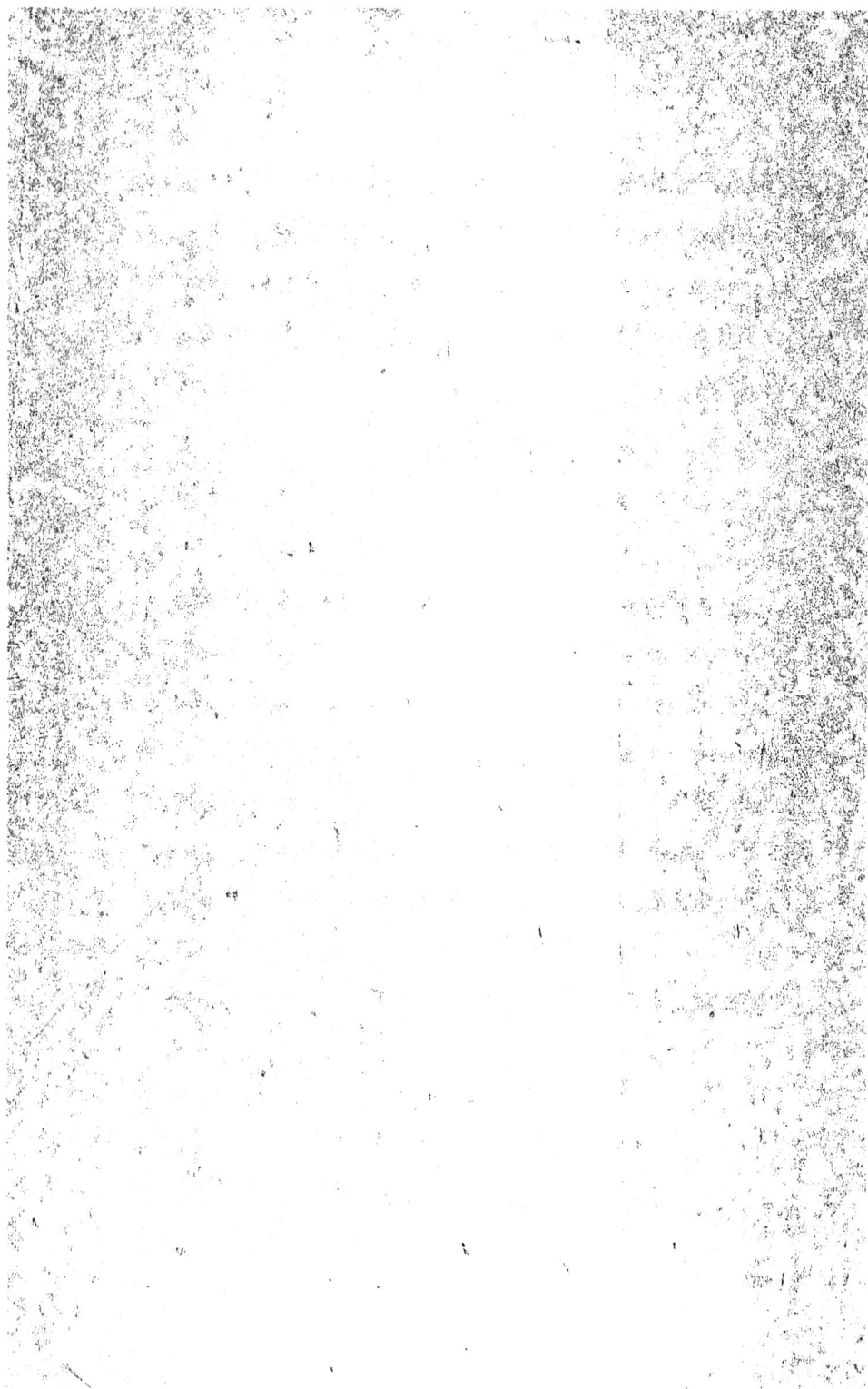

SUISSE

La Suisse possédait, d'après le dernier relevé qui en a été fait en 1866, 632 sociétés de secours mutuels, et il a été constaté que de 1860 à 1866 ce nombre a augmenté de 161, c'est-à-dire de plus d'un quart dans un espace de six années.

La plupart de ces associations sont créées pour une ou plusieurs communes, quelques-unes embrassent dans leur circonscription un canton entier ; huit seulement étendent

leur action à toute la Suisse. Le nombre
total des sociétaires s'élève à 96,000 environ, fournis principalement par les populations urbaines et industrielles. La plupart
des sociétés possèdent des membres honoraires. On ne constatait que 45 sociétés ad-
mettant des femmes ; encore dans quelques-
unes de ces sociétés, les veuves des sociétaires sont seules admises.

Les institutions d'assistance mutuelle
sont très-diverses en Suisse. Les unes nom-
mées générales sont accessibles aux personnes de toutes conditions, d'autres sont
spécialement affectées à certaines classes
de la population. Ainsi l'on distingue des
sociétés fondées pour les artisans, les employés, les ouvriers de fabriques et les domestiques.

Le plus grand nombre des sociétés ont
pour but de donner des secours en cas de
maladies ou d'infirmités, et de pourvoir aux

frais funéraires. Il en existe cependant quelques-unes qui n'accordent à leurs membres que des secours en argent ; d'autres prennent, en outre, à leur charge les frais médicaux et pharmaceutiques. La durée du payement des secours varie ordinairement entre trois mois et une année ; quelquefois la durée des secours est indéterminée. Enfin les frais funéraires sont supportés entièrement par des sociétés, tandis que d'autres n'en payent qu'une partie. Obéissant à une loi de morale, toutes les sociétés refusent les secours pour les maladies causées par la débauche et l'intempérance.

Les cotisations annuelles varient suivant les cantons. Les moins élevées sont de 5 fr. 30 c. dans les cantons de Zurich, de Glaris et d'Appenzelle ; les plus élevées sont de 11 à 14 fr. dans les cantons de Vaud, du Valais, de Neuchâtel et de Genève. Le

13.

chiffre de la cotisation dépend naturellement des charges que les sociétés ont à
supporter. Il est moins élevé par exemple
dans les associations qui ne se chargent
pas des frais funéraires ou n'y contribuent
qu'en partie. Dans les sociétés composées
exclusivement d'ouvriers, la cotisation est
basée sur le salaire quotidien. A Neuchâtel
il existe une société où le chiffre de la cotisation, graduée selon l'âge des membres,
permet de recevoir des personnes qui par
leur âge avancé ne pourraient pas être admises dans des sociétés où la cotisation
serait fixée d'une manière uniforme.

Quant au mode de placement des fonds,
il varie selon la composition des sociétés.
Ainsi les sociétés d'employés et d'ouvriers
de fabriques déposent leurs fonds à la
Caisse de la direction à laquelle ils appartiennent, à raison d'un intérêt fixé à 5 p. 0/0.
Les autres sociétés placent leurs fonds aux

Caisses d'épargne, aux Caisses de l'État ou bien encore chez des particuliers sur hypothèque.

L'emploi des capitaux est soumis à des prescriptions très-différentes. Quelques sociétés n'emploient que les intérêts provenant du placement de leurs fonds ; d'autres n'affectent à leurs dépenses que les sommes produites par les dons, les droits d'entrée et une partie des cotisations des sociétaires ; dans d'autres encore, l'avoir ne doit jamais être inférieur à une certaine somme qui tantôt est fixe et tantôt varie, suivant le nombre des sociétaires.

Toute société de secours mutuels est administrée par un conseil composé de 5 à 15 membres, solidairement responsables et dont les fonctions durent de six mois à quatre ans. L'admission des membres participants est soumise au vote des assemblées générales qui, selon les sociétés, ont lieu tous les trois mois ou tous les ans.

L'âge pour l'admission varie au minimum de 15 à 18 ans et au maximum de 30 à 60 ans. Dans quelques sociétés, on n'est admissible qu'à la condition d'être bourgeois de la localité ou citoyen du canton ; d'autres sociétés sont composées d'étrangers de la même nationalité. Les jeunes gens ne sont admis généralement, qu'après avoir terminé leur temps d'apprentissage.

Dans le plus grand nombre des cantons, les sociétés de secours mutuels sont soumises au contrôle du pouvoir exécutif, leurs statuts et leurs règlements et les modifications qui y sont apportées doivent être revêtus de sa sanction. A Berne, aucune de ces sociétés ne peut exister sans l'autorisation préalable du gouvernement, qui exige qu'elles offrent des garanties suffisantes d'une bonne administration. Dans le canton de Vaud, les sociétés ne peuvent acquérir aucun immeuble ni accepter une dotation supérieure à 2,000 fr., sans l'autorisation du conseil d'Etat. Enfin, dans plusieurs cantons de la Suisse allemande, la participation aux sociétés de secours mutuels est obligatoire, mais le gouvernement ou les communes qui prescrivent cette obligation allouent généralement des subventions à ces associations.

Tels sont, en résumé, l'organisation de la Suisse et les rapports du gouvernement avec elles. On a pu voir par cet aperçu que la mutualité est très-répandue dans ce pays puisque le nombre des membres des sociétés, qui s'élève à 96,000 environ, comparé avec le chiffre de la population, évaluée à 2,490,000 habitants, donne un sociétaire par 26 habitants. Ainsi, après l'Angleterre qui compte un sociétaire sur trois habitants, la Suisse tient sous ce rapport, le premier rang parmi les autres États de l'Europe.

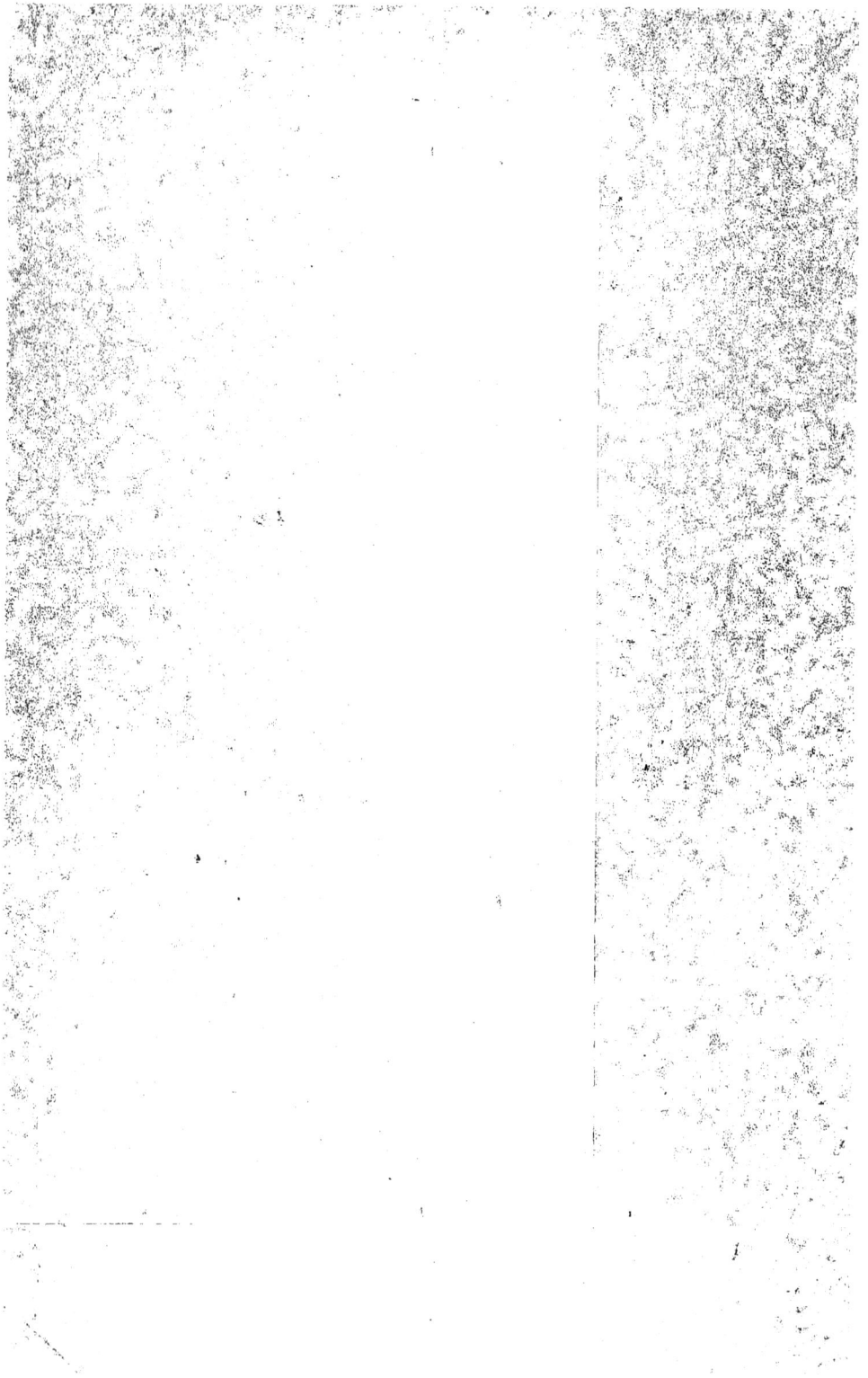

PORTUGAL

Il existe au Portugal un certain nombre
de sociétés de secours mutuels, mais il
n'est pas possible de déterminer leur situation, attendu qu'elles fonctionnent en dehors
du contrôle de l'administration. Elles ont
pour but de venir en aide aux associés malades et de pourvoir aux frais d'enterrement.
Quelques-unes promettent des pensions à
leurs vieillards et même aux veuves des
sociétaires.

Jusqu'à ce jour l'administration s'est bornée à donner son approbation aux statuts sans vérifier si les sociétés basent les conditions de leur organisation sur des principes rationnels. Le gouvernement a préféré laisser à l'expérience le soin de redresser les erreurs commises par les fondateurs, que d'exercer sur ces associations une influence qui pourrait être un obstacle à la libre expansion de l'initiative privée.

Cependant en 1866, le gouvernement a pensé qu'il était temps de se rendre compte des résultats obtenus par les sociétés existantes, non pour influer sur leur organisation économique, mais pour rechercher les mesures que les pouvoirs publics, uniquement comme protecteurs, pouvaient adopter pour faciliter le développement et assurer l'existence d'une institution si utile aux populations. Il a pensé qu'une loi pourrait combiner l'action publique et administrative avec l'action particulière en accordant des faveurs et des immunités spéciales aux sociétés qui consentiraient à s'assujettir à une organisation prenant pour bases les combinaisons que la science et l'expérience conseillent comme moyens non pas infaillibles mais probables d'assurer leur prospérité.

Sur le rapport du ministre des travaux publics, le roi rendit un décret qui nomma dans chacune des villes de Lisbonne et de Porto une commission chargée de faire une enquête et de rechercher les mesures que le gouvernement pourrait adopter pour le développement et la prospérité d'institutions si utiles.

Chaque commission a eu pour mission d'examiner les questions suivantes par rapport aux sociétés déjà existantes:

1° Quelles ont été les bases adoptées

pour l'organisation des diverses sociétés de secours mutuels?

2° Quel est l'état de prospérité ou de décadence de ces associations?

3° Quelles sont les causes qui favorisent ou contrarient le développement de ces institutions?

4° Quelles sont les sociétés qui, parvenues à se fonder, ont cessé d'exister, et pour quelles causes?

5° Quelles ont été les bases adoptées pour le calcul des cotisations payées par les sociétaires, comparées avec les secours promis par les différents statuts?

Relativement à l'organisation future des sociétés, chaque commission a été chargée de rechercher :

1° S'il convient d'autoriser la formation des sociétés de secours mutuels libres, fondées sans examen et approbation préa-

lable de leurs statuts par l'administration
supérieure?

2° Quelles sont les prescriptions fonda-
mentales que la loi doit imposer aux sociétés qui soumettront leurs statuts à l'approbation administrative, de telle sorte que la
constitution en repose, autant que possible,
sur des bases régulières conseillées par
l'expérience?

3° S'il convient de formuler une règle in-
variable, modèle de statuts pour l'organisation de ces sociétés?

4° Quelles faveurs pourraient être con-
cédées par la loi aux sociétés dont les statuts auront été approuvés par l'administration ?

5° S'il convient que les sociétés soient
uniquement composées de membres participants, ou s'il doit y être admis également
des membres honoraires?

6° Doit-on limiter un nombre minimum et maximum de membres participants?

7° Convient-il d'interdire aux sociétés dont le but principal est de fournir des secours temporaires aux malades momentanément empêchés de travailler, et de pourvoir à l'enterrement des associés, la faculté de promettre des pensions aux vieillards et à leur famille?

8° Devra-t-on autoriser ces pensions uniquement pour les sociétés comptant un nombre déterminé de sociétaires honoraires?

9° Dans le cas où la promesse de pension serait admise, ne sera-t-il pas nécessaire de destiner un fonds spécial à cet emploi?

10° Comment ce fonds doit-il se former et s'accroître?

11° Les cotisations des sociétaires doivent-elles être fixées suivant les indications fournies par des tables de maladie et de mortalité approuvées par le gouvernement?

12° Les tables de maladie et de mortalité adoptées en pays étrangers pour des institutions identiques, peuvent-elles servir de règles au Portugal?

13° En cas d'affirmative quels modèles conviendra-t-il d'adopter?

14° Les cotisations inégales doivent-elles être admises comme donnant droit seulement à des secours inégaux et proportionnés aux cotisations payées, ou bien les sociétaires doivent-ils tous verser la même cotisation?

15° Convient-il que les cotisations soient calculées d'après l'âge des sociétaires divisés par classes?

16° Quel emploi les sociétés de secours mutuels doivent-elles donner à leurs capitaux disponibles?

17° Comment doit-être exercée la sur-

veillance des sociétés? Cette surveillance
appartient-elle uniquement aux intéressés,
ou bien doit-elle être partagée par l'administration?

18° Dans ce dernier cas la surveillance
doit-elle être exercée par les autorités locales, ou bien par une ou plusieurs commissions composées d'inspecteurs spéciaux?

19° Dans le cas de dissolution d'une société, comment doivent être partagés les
fonds existant en caisse ?

20° Y a-t-il convenance à ce que les sociétés, par une sorte de fédération, établis-
sent entre elles des relations d'assistance
réciproque?

On voit par cette longue série de questions, combien le gouvernement portugais
attache d'importance au développement de
la mutualité. Cependant l'enquête faite,
d'ailleurs avec lenteur, semble n'avoir produit encore aucun résultat. Aussi, comme

presque toutes les questions sur lesquelles
les commissions instituées par un décret
royal ont été appelées à donner leur avis,
sont résolues de la manière la plus satisfaisante par la législation française, nous
n'hésitons pas à la proposer au Portugal
comme exemple à suivre pour la rédaction
de la loi à intervenir.

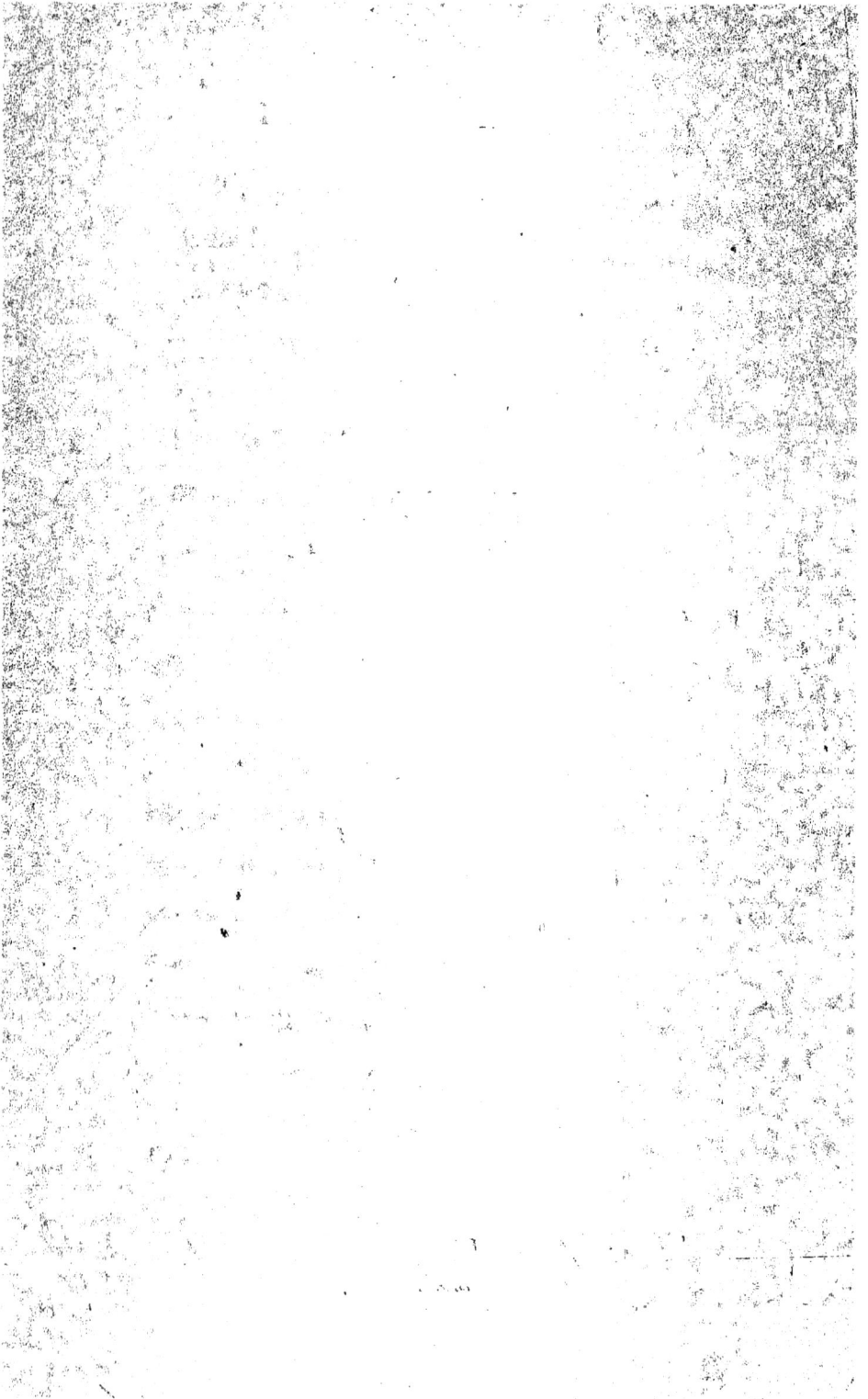

SUÈDE

La Suède ne possède pas de sociétés de secours mutuels proprement dites, mais on y trouve un certain nombre de caisses de secours créées spécialement en faveur des veuves et des enfants des employés de diverses administrations.

Parmi les règlements qu'il nous a été permis d'étudier, il en est un qui concerne les administrateur, employés et chargés

14

de pouvoirs de la Banque des États du royaume.

Aux termes de ce règlement, approuvé par le roi le 29 août 1748, chaque employé de la Banque peut, au moyen d'une cotisation annuelle, assurer à sa veuve ou à ses enfants mineurs une pension qui leur sera payée quelle que soit leur position de fortune. Si l'employé refuse, en entrant dans l'administration, de payer la cotisation prescrite, non-seulement sa femme et ses enfants n'ont droit à une pension, mais il leur est à tout jamais interdit de faire partie de l'association.

En principe, au décès d'un employé sociétaire, la veuve touche une pension tant qu'elle ne se remarie pas, et les enfants jusqu'à l'âge de vingt et un ans révolus.

Si le fils obtient un salaire annuel, soit qu'il appartienne à une administration publique ou à un établissement privé, ou s'il devient compagnon salarié dans un métier quelconque, si la fille se marie, la pension cesse quand bien même ils n'auraient ni l'un ni l'autre vingt et un ans accomplis.

Si la veuve a un enfant mineur, la pension est partagée entre les deux par moitiés égales. S'il y a plusieurs enfants mineurs, une moitié de la pension est partagée par portions égales entre tous. En cas de mariage de la veuve, les enfants reçoivent la pension entière.

S'il y a des enfants mineurs et des enfants majeurs, la pension est partagée seulement entre les enfants mineurs.

La pension n'est servie que six mois après la mort de l'employé, car la veuve ou les enfants reçoivent en entier les appointements du mois pendant lequel il est mort, et la caisse acquitte la dépense occasionnée par les obsèques.

Si les orphelins ayant vingt et un ans révolus sont infirmes et incapables de gagner leur vie, ils touchent leur part de pension jusqu'à leur mort ou jusqu'à ce qu'ils soient admis dans un hôpital ou dans quelque autre établissement public de bienfaisance.

Les commissaires de la Banque sont chargés de veiller à ce que la pension ne soit versée qu'entre les mains de la veuve, et à ce que les portions revenant aux enfants soient remises à leurs tuteurs.

Si la veuve et les enfants encourent une condamnation judiciaire, ils perdent tous droits à la pension.

Dans le cas où il s'élève un différend au sujet du partage d'une pension, ce sont les commissaires de la Banque qui décident, et, en dernier ressort, les plénipotentiaires de la Banque.

Ce règlement ne fait aucune mention du

chiffre de la pension, mais il est tout probable qu'il est fixé d'après le montant des versements annuels faits par les sociétaires et la durée de leurs services.

Il existe d'autres caisses destinées à servir des pensions, soit aux fonctionnaires civils et militaires, soit à leurs veuves et à leurs enfants. Les statuts de ces caisses ont été approuvés par le roi en 1857 et en 1863.

Les caisses de pensions civiles sont administrées par un président et un commissaire supérieur nommés par le roi et par trois directeurs élus par les fonctionnaires eux-mêmes.

La direction de la caisse des pensions militaires est confiée à des généraux, des colonels et des capitaines. Le président, qui doit être un feld-maréchal, est nommé par le roi. Les autres membres de la direction sont élus par chaque régiment.

La direction générale des douanes a également organisé, en 1862, une caisse de pensions en faveur de ses employés qui tous sont tenus d'y faire un versement annuel.

FIN

TABLE DES MATIÈRES

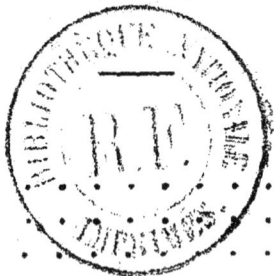

FIN DE LA TABLE.

CLICHY. — Impr. PAUL DUPONT, 12, rue du Bac-d'Asnières

www.ingramcontent.com/pod-product-compliance
Lightning Source LLC
Chambersburg PA
CBHW071631200326
41519CB00012BA/2251